세례 · 입교 교육 해설서

손재익

예수께서 나아와 말씀하여 이르시되
하늘과 땅의 모든 권세를 내게 주셨으니
그러므로 너희는 가서 모든 민족을 제자로 삼아
아버지와 아들과 성령의 이름으로 **세례**를 베풀고
내가 너희에게 분부한 모든 것을 가르쳐 지키게 하라
볼지어다 내가 세상 끝날까지
너희와 항상 함께 있으리라 하시니라

마태복음 28장 18-20절

일러두기

1. 본 해설서는 함께 출간된 『세례·입교 교육 : 교재』의 해설서에 해당합니다.

2. 본 해설서 내 신앙고백서, 대요리문답, 소요리문답은 웨스트민스터 신앙고백서, 웨스트민스터 대요리문답, 웨스트민스터 소요리문답을 뜻합니다.

3. 본 해설서가 인용한 장로교회 헌법은 대한예수교장로회 고신 총회, 합동 총회, 한국장로교출판사, 합신 총회의 허락을 받아 수록하였습니다.

4. 본 해설서가 인용한 벨기에 신앙고백서, 하이델베르크 요리문답, 웨스트민스터 예배모범 내용은 해당 출판사 디다스코, 성약, 흑곰북스의 허락을 받아 수록하였습니다.

세례 · 입교 교육 해설서

초판 1쇄 인쇄 2025년 2월 28일
초판 1쇄 발행 2025년 3월 7일

지 은 이 손재익
발 행 인 이기룡
발 행 처 도서출판 생명의 양식
디 자 인 정원주
등록번호 제2018-000072호(2018년 3월 28일)
주　　소 서울시 서초구 고무래로 10-5(반포동)
전　　화 02-533-2182
팩　　스 02-533-2185
홈페이지 www.qtland.com

| 머리말 |

    부활하신 우리 주 예수 그리스도께서는 교회를 창설할 직원이 될 제자들에게 명령하셨습니다. "너희는 가서 모든 민족을 제자로 삼아 아버지와 아들과 성령의 이름으로 세례를 베풀고 내가 너희에게 분부한 모든 것을 가르쳐 지키게 하라"(마 28:19). 이 명령에 따라 이 땅에 존재한 오고 오는 교회는 세례를 베풀었습니다. 복음 전파의 결과로 거듭나서 회심한 사람, 예수님을 그리스도와 구주로 믿고 영접한 사람에게 세례를 베풀었습니다. 시대마다 세워진 교회의 직원, 특히 당회는 이 일에 수고하였습니다.
    세례는 교회의 머리이신 예수 그리스도께서 친히 제정하신 성례로서, 교회의 회원이 되는 가장 기본적인 방법입니다. 교회의 치리를 맡은 목사와 장로는 교회의 머리이신 예수 그리스도께서 위임해 주신 권위에 따라 합당한 사람에게 세례를 베풀어야 합니다. 이를 위해 복음을 철저히 가르치고, 중생과 회심을 확인한 뒤, 세례 교인으로서 반드시 알아야 할 지식을 갖추게 하여, 문

답을 통해 세례를 베풀기에 합당한지를 확인하고, 세례를 베풀어야 합니다. 이를 위해 철저한 세례 교육과 신중한 세례 문답은 필수입니다.

하지만 많은 교회가 말씀과 기도는 강조하지만, 성례(세례와 성찬)는 상대적으로 소홀히 여깁니다. 세례 문답을 엄격하게 시행할 뿐만 아니라 적절한 대상자가 아닐 경우 다음으로 미루게 했던 일은 이제 교회 역사에서나 볼 수 있는 광경이 되어 버렸습니다.

그러다 보니 한국교회는 150여 년의 짧은 역사 만에 엄청난 양적 성장을 이뤘지만, 교회다움을 많이 상실했습니다. 이제는 어느덧 성장을 멈추고 침체기에 접어들었습니다. 그러는 중에 여러 가지 부작용들이 나타나고 있습니다. 교회의 교회다움을 잃은 경우가 많고, 신자들의 부패와 타락이 우리를 부끄럽게 만듭니다. 그 이유가 무엇일까요? 여러 가지가 있겠지만, 교회의 문(門)에 해당하는 세례를 남발했기 때문입니다.

양적 성장을 추구하기보다 교회다움을 회복해야 할 현 시점에 세례를 제대로 베풀어야 합니다. 참으로 예수 그리스도를 주인으로 고백하지 않는 사람, 거듭남과 회심을 아직 경험하지 않은 사람에게 세례 베푸는 일을 조심해야 할 것입니다. 교회당 문턱은 낮추되, 교회 문턱은 높여서 한국교회의 질을 높여야 할 때입니다. 세례 교인 숫자를 억지로 늘리기보다, 바르게 베풀어서 참된 그리스도인을 세우는 한국교회가 되어야 합니다.

이 책은 그러한 일을 돕기 위해 만들었습니다. 시중에는 세례 교육을 위한 교재가 일부 있지만, 해설서는 거의 없습니다. 고신 총회의 경우 세례 교육을 위한 교재는 있었지만, 해설서가 없어서 가르치는 분들에게 어려움이 있었습니다. 이 책은 해설서입니다. 해설서는 교재를 사용하여 가르치는 분들이 잘 이해하도록 집필되었습니다. 이를 위해 세례가 무엇인지, 세례 대상자를 얻기 위해서 교회는 어떻게 해야 하는지, 세례 대상자를 확인하기 위해 점검해야 할 내용, 세례 교인으로서 반드시 알아야 할 지식, 당회 문답은 어떻게 해야 하는지, 세례식은 어떻게 시행해야 하는지 등을 수록했습니다.

 이 책의 집필을 위해 장로교회의 신조인 「웨스트민스터 신앙고백서」와 「웨스트민스터 대소요리문답」을 기본으로 하되 『기독교강요』를 비롯해 세례를 다룬 조직신학 서적들을 참고하였습니다. 사도신경이 세례 문답을 위해 사용되었다는 점을 염두에 두고 졸저 『사도신경, 12문장에 담긴 기독교 신앙』(디다스코, 2017)을 기본 토대로 교육 자료를 구성했습니다. 또한 그동안 발행된 세례 교육 교재와 해설서를 참고했습니다. 대한예수교장로회 고신 총회에서 발행된 교재 외에도 합동, 합신, 통합 총회에서 사용하는 것을 모두 참고했습니다. 그렇기에 이 책은 고신 총회 산하 교회만 아니라 합동, 합신, 통합은 물론 어느 장로교회에서도 얼마든지 사용할 수 있습니다.

해설서는 교역자와 당회원들이 사용하도록, 교재는 세례 대상자들이 사용하도록 제작되었습니다. 세례 교육을 실시하는 분들과 당회원들이 이 책을 잘 숙지해서 세례를 베푸시는 데 도움을 얻으시기 바랍니다. 이 해설서와 교재가 제가 속한 고신교회뿐만 아니라 한국교회 전체에도 유익이 되기를 바랍니다.

집필의 기회를 주신 총회교육원에 감사드립니다. 마지막으로 저에게 복음을 전해 주었고, 세례를 주었으며, 목사가 되기까지 키워 준 한빛교회(경남 창원시 의창구 신월동 소재)에 이 책을 바칩니다.

2025년 1월
저자 손재익 목사 드림

| 차례 | 머리말 · 5

1장 세례와 입교   15

1. 세례와 입교는 무엇입니까?   16

   1) 세례는 성례 중 하나입니다
      (1) 성례란 무엇입니까?
      (2) 성례라는 말은 어디에서 왔습니까?
      (3) 성례는 어떤 것이 있습니까?
      (4) 성례는 은혜의 방편입니다
      (5) 성례는 어떻게 효력을 미칩니까?
      (6) 성례에 대해 다른 교파는 어떻게 가르칩니까?

   2) 세례란 무엇입니까?
      (1) 세례란 무엇입니까?
      (2) 세례는 누구에게 베풉니까?
      (3) 세례는 어떻게 효력을 미칩니까?
      (4) 세례는 몇 번 받을 수 있습니까?
      (5) 로마가톨릭교회에서 영세를 받은 사람은
          어떻게 해야 합니까?
      (6) 유니테리언 교회에서 받은 세례는 어떻게 됩니까?

   3) 입교란 무엇입니까?
      (1) 입교란 무엇입니까?
      (2) 입교의 성경적 근거는 무엇입니까?
      (3) 입교를 하면 어떻게 됩니까?

2. 세례 대상자를 얻으려면 어떻게 해야 합니까? ……… 50

    1) 복음전도와 말씀 선포에 힘써야 합니다

    2) 중생과 회심의 증거를 확인해야 합니다

    3) 세례 교육을 해야 합니다

    4) 당회 문답을 통해 확인 후 세례를 베풀어야 합니다

3. 입교 대상자를 얻으려면 어떻게 해야 합니까? ……… 66

    1) 결혼을 격려하고 출산을 장려하여
       유아세례 교인이 생겨나게 해야 합니다

    2) 언약의 자녀를 주의 교훈과 훈계로 양육해야 합니다

    3) 중생과 회심의 증거를 확인해야 합니다

    4) 입교 교육과 당회 문답을 한 뒤 입교식을 해야 합니다

2장 세례·입교 교육 교재 해설

- **1과** 세례 및 입교란 무엇이며, 누가 받을 수 있습니까?
- **2과** 삼위일체 하나님
- **3과** 성부 하나님과 그분의 창조
- **4과** 사람의 처음 상태와 타락 이후 상태
- **5과** 예수 그리스도는 누구십니까?
- **6과** 예수 그리스도를 믿는다는 것은 무슨 뜻입니까?
- **7과** 교회란 무엇이며, 교회생활은 어떻게 해야 합니까?
- **8과** 성경은 어떤 책입니까?
- **9과** 세례 교인과 입교인의 의무와 권리는 무엇입니까?
- **10과** 세례 및 입교 문답과 세례 및 입교식

3장 문답과 서약문　　　　　　　　　　　　　　193

　　1. 문답 예시
　　2. 서약문

4장 세례식과 입교식은 어떻게 시행합니까?　　　219

　　1. 세례식과 입교식은 어떻게 시행합니까?
　　2. 세례식과 입교식 때 누가 서약합니까?
　　3. 세례는 누가 베풀 수 있습니까?
　　4. 세례는 어디에서 베풀어야 합니까?
　　5. 세례는 무엇으로 베풀어야 합니까?
　　6. 세례는 어떤 방식으로 베풀어야 합니까?

- **부록** · 239
    1. 성례와 세례에 대한 개혁주의 신앙고백서와 요리문답의 가르침
    2. 웨스트민스터 예배모범 중 세례에 관한 부분
    3. 대한예수교장로회 (고신) 교회헌법 예배지침 중 세례와 입교에 관한 부분
    4. 대한예수교장로회 (합신) 헌법 예배모범 중 세례와 입교에 관한 부분
    5. 대한예수교장로회 (합동) 헌법 예배모범 중 세례와 입교에 관한 부분
    6. 대한예수교장로회 (통합) 헌법 예배와 예식 중 세례와 입교에 관한 부분

- **참고문헌** · 284

세례 · 입교 교육
해설서

1장

세례 · 입교 교육 해설서

세례와 입교

1장 세례와 입교

1. 세례란 무엇입니까?

1) 세례는 성례 중 하나입니다

세례는 기독교회의 성례입니다. 그러므로 성례가 무엇인지를 알아야 세례를 바르게 이해할 수 있습니다.

(1) 성례란 무엇입니까?(신앙고백서 제27장 1절; 대요리문답 162문답; 소요리문답 92문답)

성례(聖禮, the sacraments)란 교회의 머리이신 우리 주 예수 그리스도께서 친히 제정하신 거룩한 규례입니다. 성례는 은혜 언약의 표(表, sign)와 인(印, seal)입니다(롬 4:11; 신앙고백서 제27장 1절. 참조. 창 17:7, 10).[1] 성례는 은혜 언약 안에 있는 그리스도의

---

1 표(表, sign)와 인(印, seal)이라는 표현은 롬 4:11 "그가 할례의 **표**를 받은 것은 무할례시에 믿음으로 된 의를 **인** 친 것이니 이는 무할례자로서 믿는 모든 자의 조상이 되어 그들도 의로 여기심을 얻게 하려 하심이라"에서 왔습니다. 이 표현은 교회의 오랜 역사에 근거합니다. 특히 '표'라는 표현을 사용한 것은 고대 교부 아우구스티누스(Augustinus, 354-430년)에서부터 비롯되었습니다. *De Doctrina Christiana*, II, iv; *De Civitate Dei*, X, 5를 고재수, 『교의학의 이론과 실제』(천안: 고려신학대학원출판부, 2001), 336-55에서 재인용.

은혜를 나타내고 인치는 것입니다.

성례를 통해 은혜 언약의 중보자이신 그리스도와 그분으로 말미암는 모든 은혜를 나타내며 확증합니다. 그리스도 안에 있는 하나님의 은혜와 은혜 언약이 주는 유익이 신자들에게 제시되고, 인쳐지고, 적용되며, 신자들은 하나님에 대한 신앙과 충성을 표현합니다. 나아가 믿음을 강화하고 증진시켜 주며 더욱 하나님께 순종하도록 만듭니다. 성례는 우리 안에서 말씀의 진실성이 더욱 확실해지고, 우리의 믿음을 더욱 굳세게 합니다. 하나님께서는 말씀으로 믿음을 불러일으키시고, 성례로 믿음을 굳게 하십니다.[2] 또한 교회 안에 있는 사람과 그렇지 않은 사람을 눈에 보이게 구별시켜 줍니다.

종교개혁자 장 칼뱅(John Calvin, 1509-1564년)에 따르면, 설교는 '들리는 말씀'이요, 성례는 '눈에 보이는 말씀'(visible word)입니다. 네덜란드 개혁교회의 신학자 헤르만 바빙크(Herman Bavinck, 1854-1921년) 역시 "말씀은 청각을 통해 그리스도를 드러내고 인치는 반면, 성례는 시각을 통해 그리스도를 드러내고 인친다"고 했습니다.[3] 신자는 성례를 통해 주님께서 우리와 연합하신다는 것을 직접 눈으로 보게 됩니다.[4] 이러한 성례는 신앙을 강하게 받쳐주는 기둥이며, 은혜의 풍성함을 볼 수 있는 거울입니다.[5]

---

2 루이스 벌코프, 『조직신학 (하)』, 권수경, 이상원 역 (고양: 크리스챤다이제스트, 2000), 878; 존 머레이, 『조직신학 Ⅱ』, 박문재 역 (서울: 크리스챤다이제스트, 1991), 380; 장 칼뱅, 『기독교강요』, 4권 14장 1절, 6절.
3 헤르만 바빙크, 『개혁교의학』, 4권 58장[526].
4 『기독교강요』, 4권 14장 3절.
5 『기독교강요』, 4권 14장 6절.

신앙고백서

제27장 성례에 관하여

1. 성례는 은혜언약의 거룩한 표(signs)와 인(seals)이며(롬 4:11; 창 17:7, 10), 하나님께서 친히 제정하셨고(마 28:19; 고전 11:23), 그리스도와 그분의 혜택들을 나타내며, 그분 안에 있는 우리의 유익을 확증한다(고전 10:16; 11:25-26; 갈 3:27). 또한 교회에 속한 사람들과 나머지 세상에 속한 사람들의 차이를 가시적으로 나타내며(롬 15:8; 출 12:48; 창 34:14), 그분의 말씀을 따라 그리스도 안에서 하나님을 엄숙하게 섬기도록 이끈다(롬 6:3-4; 고전 10:16, 21).

대요리문답

162문 : 성례가 무엇입니까?

답 : 성례는 그리스도께서 자기 교회 안에 제정하신 거룩한 규례인데(창 17:7,10; 출 12: 마 28:19; 26:26-28), 이 규례는 은혜 언약 안에 있는 자들에게(롬 15:8; 출 12:48) 주님의 중보의 혜택을(행 2:38; 고전 10:16) 표시하고(signify), 인치고(seal), 나타내기 위한 것이며(롬 4:11; 고전 11:24,25), 그들의 믿음과 다른 모든 은혜들을 강화하고 증진시키기 위한 것이며(롬 4:11; 갈 3:27), 그들로 하여금 순종하게 하기 위한 것이며(롬 6:3,4; 고전 10:21), 그들의 상호간에 사랑과 교제를 증거하고 소중히 여겨(엡 4:2-5; 고전 12:13), 그들을 은혜 언약 밖에 있는 자들과 구별하기 위한 것입니다(엡 2:11, 12; 창 34:14).

> **소요리문답**
>
> **92문 : 성례가 무엇입니까?**
> 답 : 성례는 그리스도께서 세우신 거룩한 예식이며, 이 예식 가운데 그리스도와 새 언약의 혜택이 감각적인 표(signs)로써 신자들에게 표시되고, 인쳐지며(sealed) 적용됩니다(창17:7, 10; 출 12장; 고전 11:23, 26).

(2) 성례라는 말은 어디에서 왔습니까?

성례라는 말은 성경에 없습니다. 라틴어 사크라멘툼(sacramentum)에서 유래했습니다. 이 단어는 원래 소송 시 원고와 피고의 예치금을 가리키는 말입니다. 이때 승소한 측은 예치금을 받아 가지만 패소한 측은 몰수당했습니다. 이 예치금은 고대 로마 사회에서 신의 진노를 가라앉히는 일종의 예물이었습니다. 때로는 병사가 그 상관에게 엄숙하게 하는 맹세를 지칭할 때도 사용되었습니다.[6]

성경에 없는 이 표현을 교회가 사용하게 된 것은 에베소서 1장 9절과 5장 32절에 나오는 '비밀, 신비, 표징'을 뜻하는 헬라어 뮈스테리온(μυστήριον)을 라틴어역 성경에서 사크라멘툼(sacramentum)이라고 번역한 것에 근거합니다.[7]

---

6 바빙크, 『개혁교의학』, 4권 58:[523], [525]; 벌코프, 『조직신학 (하)』, 878; 유해무, 『개혁교의학』 (서울: 크리스챤다이제스트, 1997), 514; 이승구, 『하이델베르크 요리문답 강해 Ⅱ: 성령의 위로와 교회』 (서울: 이레서원, 20093), 143.
7 『기독교강요』, 4권 14:2; 유해무, 『개혁교의학』, 514; 로버트 L. 레이몬드, 『최신 조직신학』, 나용화 외 공역 (서울: CLC, 2004), 1158; 도날드 K. 맥킴, 『교회의 역사를 바꾼 9가지 신학 논쟁』, 장종현 역 (서울: UCN, 2005), 252-55.

어떤 이들은 이 단어가 성경에 없다는 이유로 반대하기도 하는데, 우리는 그런 주장에 현혹될 필요가 없습니다. 삼위일체를 비롯해 우리가 사용하는 여러 가지 신앙 용어와 교리 용어는 성경에 없는 경우가 많습니다.

성례라는 말의 어원인 사크라멘툼(sacramentum)에서 파생된 의미는 오늘날 우리가 이해하는 바와 조금은 다릅니다. 그렇기에 '성례'(sacraments)라는 말 대신, '예식'(ordinances)이라는 표현을 사용하려는 이들이 있습니다.[8] 하지만, 성례의 어원이나 일반적인 뜻을 풀이해서 이 말의 의미를 찾으려고 해서는 안 됩니다. '성례'라는 말을 사용하되, 그 의미를 분명히 하는 것이 바람직합니다.[9] 예식이라는 명칭은 미신화된 로마가톨릭교회와 혼동하지 않게 하는 데는 유익하지만, 복음의 풍부함을 표현하는 데는 약합니다.[10]

성례(聖禮)라는 단어를 세례(洗禮)와 성찬(聖餐)의 합성어로 오해하는 경우가 있는데, 거룩한 규례라는 뜻입니다. 한국천주교회는 성사(聖事)라고 합니다.

(3) 성례는 어떤 것이 있습니까? (신앙고백서 제27장 제4절; 대

---

[8] 웨인 그루뎀, 『조직신학(하)』, 노진준 역 (서울: 은성, 1997), 194.
[9] 이승구, 『하이델베르크 요리문답 강해 II』, 143-44. 아우구스티누스는 "신성한 사물에 적용되는 여러 가지 표징을 'sacraments'라고 부르는데, 그런 표징들에 대해서 논쟁하는 것은 지루한 일일 것이다"라고 말했습니다(Augustine, *Letters* cxxxviii. I. 7 [MPL 33. 527; tr. FC 20. 40.]). 『기독교강요』, 4권 14장 2절. 그루뎀은 성례든 예식이든 어떻게 부르는지는 그리 중요하지 않다고 주장합니다. 그루뎀, 『조직신학 (하)』, 194-95.
[10] 대한예수교장로회 고신 총회, 『헌법해설: 예배지침/교회정치/권징조례』, 개정판 (서울: 총회출판국, 2018), 제1부 제5장 제51문.

요리문답 164문답; 소요리문답 93문답)

성례는 그리스도께서 친히 제정하셨고, 교회에 명하신 두 가지만 있습니다. 세례와 주님의 만찬(성찬)입니다. 이 두 가지 외에 다른 성례를 주장해서는 안 됩니다.

성례는 세례와 주님의 만찬(성찬)만 있으나, 교회 역사적으로 이 두 가지 이외의 것을 말한 경우가 있었습니다.[11] 아우구스티누스는 십자가를 긋는 것을 포함해서 30여 가지를 성례에 포함시켰습니다. 6세기의 위(僞) 디오니시우스(Pseudo-Dionysius)는 여섯 개의 성례를 언급했습니다.[12] 세례, 성찬, 도유식, 신품식, 수도원 생활, 죽은 자들에게 실행되는 의식 등입니다.[13] 저자 미상의 『신성의 명제들』(1145년)라는 작품은 일곱 가지 성례를 언급했습니다. 토마스 아퀴나스(Thomas Aquinas, 1224/25-1274년)는 일곱 가지 성례를 규정하면서도 세례와 성찬이 으뜸가는 성례라고 주장했습니다.[14] 그 영향을 받은 로마가톨릭도 7성례를 주장합니다.[15]

그들이 주장하는 7성례는 다음과 같습니다. 영세(領洗, Baptism) 혹은 성세성사(聖洗聖事),[16] 견진성사(堅振聖事, confirma-

---

[11] 이와 관련한 논의로 다음을 보십시오. Alexander Ganoczy, *An Introduction to Catholic Sacramental Theology*, trans. W. Thomas and A. Sherman (New York: Paulist, 1984), chap. 3; Joseph Martos, *Doors to the Sacred: A Historical Introduction ot Sacraments in the Catholic Church* (New York: Doubleday, 1982), pt. 2.
[12] 바빙크, 『개혁교의학』, 4권 58장[523].
[13] 맥킴, 『교회의 역사를 바꾼 9가지 신학 논쟁』, 256.
[14] Bishop C. O. Buchanan, "Sacraments," in *New Dictionary of Theology* (Downers Grove: IVP, 1988), 607.
[15] 벌코프, 『조직신학 (하)』, 882; 이것들은 프로렌스 회의(1439-1445년)가 공식적으로 결정했습니다. 유해무, 『개혁교의학』, 502. 칼뱅은 『기독교강요』, 4권 19장에서 나머지 5개의 성례를 비판합니다.
[16] 우리의 세례에 해당합니다.

tion),[17] 성체성사(聖體聖事, Lord's Supper),[18] 고해성사(告解聖事, penance),[19] 신품성사(神品聖事, ordination),[20] 혼인성사(婚姻聖事, matrimony),[21] 종부성사(終傅聖事, extreme unction).[22]

개신교회는 로마가톨릭의 이러한 주장을 반대합니다. 세례와 성찬 외에 다른 성례는 없다고 봅니다.

신앙고백서

제27장 성례에 관하여

4. 복음 시대에는 우리 주 그리스도께서 제정하신 두 가지의 성례만 있으니, 세례와 주의 만찬이다. 둘 중 어느 것도 아무나 베풀 수 없고, 합법적으로 임직받은 말씀 사역자만 집행할 수 있다(마 28:19; 고전 11:20, 23; 4:1; 히 5:4).

---

17 안수행위를 통한 '성령 수여'를 의미합니다. 그들은 기름을 붓고 성령께서 그 사람에게 임하기를 위해서 기도합니다. 『기독교강요』, 4권 19장 5절. 근거로 행 8:17; 14:22; 19:6; 히 6:2를 들고 있습니다. 『기독교강요』, 4권 19장 6절.
18 우리의 성찬에 해당합니다.
19 근거로 마 16:19; 요 20:23; 약 5:16을 들고 있습니다. 1546년 트렌트 공의회에서 성례로 인정되었습니다. 조영엽, 『가톨릭 교회 교리서 비평』 (서울: CLC, 2010), 85.
20 사제서품을 의미합니다. 근거로 딤전 4:14; 딤후 1:6을 들고 있습니다.
21 근거로 엡 5:32에 나오는 '비밀'이라는 말을 들고 있습니다. 『기독교강요』, 4권 19장 35-36절; 앤드류 T. 링컨, 『에베소서』, 배용덕 역 (서울: 솔로몬, 2006), 718.
22 '영육의 정화'를 의미하는 것으로, 심판 때에 하나님과의 만남을 준비하기 위해 필요하다고 주장합니다. 이것은 오직 사제만 시행하는 것으로 그들의 표현대로 '임종 시에'(in extremis) 기름을 바르며 시행합니다. 그들은 종부성사가 죄를 사하는 것과 필요시에는 육체의 질병을 완화시키며, 필요치 않을 시에는 영혼을 구원하는 2가지 효능이 있다고 말합니다. 근거로 막 6:13; 약 5:14-15를 들고 있습니다. 『기독교강요』, 4권 19장 18절.

> **대요리문답**
>
> **164문**: 그리스도께서 그의 신약 교회에 제정하신 성례는 몇 가지 입니까?
> 답: 그리스도께서 그의 신약 교회에 두 가지 성례만을 제정 하셨는데 곧 세례(baptism)와 주의 만찬(the Lord's supper)입니다(마 28:19; 고전 11:20, 23; 마 26:26-28).

> **소요리문답**
>
> **93문**: 신약의 성례는 무엇입니까?
> 답: 신약의 성례는 세례(마 28:19)와 주의 만찬(마 26:26-28)입니다.

4) 성례는 은혜의 방편입니다

성례는 은혜의 방편(means of grace)입니다. 하나님께서 당신의 백성에게 은혜를 베푸시는 공식적인 통로를 은혜의 방편이라고 부릅니다.[23] 은혜의 수단이라고도 합니다.

육체적 몸이 그러하듯 영적인 몸으로 존재하는 교회에도 양식이 공급되어야 합니다. 곧 은혜의 방편을 통해서입니다(엡 1:3, 17).[24] 이 방편들은 유아 때 죽는 자들이나 정신적으로 외적인 방

---

23 개혁파는 은혜의 방편(media gratiae)이라고 하고, 루터파에서는 구원의 방편(media salutis)이라고 합니다. 유해무, 『개혁교의학』, 501, 각주 23.
24 레이몬드, 『최신 조직신학』, 1149. 레이몬드는 교회론을 다루면서 은혜의 방편에 대해서 가장 풍성하게 다룹니다. 이승구, "로버트 레이몬드의 정통파 장로교 신학," 『전환기의 개혁신학』(서울: 이레서원, 2008), 159.

편(outward means)을 사용하기 어려운 자들을 제외하고는 성령님께서 일반적으로 사용하시는 방법입니다. 그래서 "일반적인 방편"(ordinary means)이라고 합니다(대요리문답 154문답).

개혁주의 신학이 가르치는 은혜의 방편은 크게 세 가지입니다. 말씀, 성례, 기도(마 28:19-20; 눅 24:13-35; 대하 33:10-13).[25] 세례는 성례 중 하나이므로 세례 역시 은혜의 방편입니다.

은혜를 나누어 주고 전달함에 있어서 하나님은 방편(ordinary means)에 매이시지 않습니다. 그러나 하나님은 자신의 은혜로운 목적을 이루시기 위해 자유롭게 그 방편들을 사용하십니다.[26] 하나님은 방편 없이도 역사하실 수 있는 분이지만, 하나님은 질서의 하나님이시므로 은혜를 주시고자 할 때 통상적으로 자신이 제정하신 방편을 사용하십니다.[27]

은혜의 방편은 그 자체만으로는 아무 효력도 발휘하지 못하고, 성령의 효율적인 작용을 통해서만 영적 결과를 산출할 수 있습니다.[28] 은혜의 방편은 그 자체가 거룩함을 산출해 내는 마술적인

---

[25] 신앙고백서(제14장 1절), 대요리문답(154문답), 소요리문답(88문답)과 찰스 핫지, 유해무는 기도를 포함시키는데, 벌코프는 기도를 '은혜의 열매'로 보고 방편에는 포함시키지 않습니다. C. Hodge, *Systematic Theology*, vol. 3 (1871; Grand Rapids: Hendrickson, 2003), 169, 692-700; 유해무, 『개혁교의학』, 526-30; 유해무, "기도: 은혜의 방편?," 『신학: 삼위일체 하나님을 향한 송영』 (서울: 성약, 2007), 201-33; 벌코프, 『조직신학 (하)』, 866. 레이몬드는 기도를 은혜의 열매로 보는 벌코프의 입장에 매우 동의하면서도 기도를 은혜의 방편에 포함시키는 핫지의 견해를 받아들입니다. 레이몬드, 『최신 조직신학』, 1150-51. 그루뎀은 전통적인 은혜의 방편의 종류에 대해 거부감을 갖고 은혜의 방편을 좀 더 확장시킵니다. 기본적인 은혜의 방편 외에 예배, 권징, 구제, 영적 은사들, 친교, 전도, 개인을 향한 사역까지 포함시킵니다. 그루뎀, 『조직신학 (하)』, 170-71. 하이델베르크 요리문답은 65문답에서 말씀과 성례만을 은혜의 방편으로 제시합니다.
[26] 벌코프, 『조직신학 (하)』, 869.
[27] 벌코프, 『조직신학 (하)』, 870; 레이몬드, 『최신 조직신학』, 1149-50.
[28] 벌코프, 『조직신학 (하)』, 866.

능력이 있는 것이 아닙니다. 하나님만이 유효한 원인이십니다.[29]

은혜의 방편은 어쩌다가 한 번씩 또는 우연히 은혜의 작용과 관련되는 것이 아니라, 구속의 은혜를 전달하는 정례적인 합당한 방편으로서 영구적인 가치를 가집니다(하이델베르크 요리문답 65문답).[30]

대요리문답

154문: 그리스도께서 자기 중보의 혜택을 우리에게 전달하시는 외적 방편들은 무엇입니까?

답: 그리스도께서 자기 중보의 혜택을 자기 교회에 전달하시는 외적이고 일반적인 방편들은 그분의 모든 규례, 특히 말씀과 성례와 기도입니다. 이 모든 것은 택함 받은 자들의 구원을 효력 있게 합니다(마 28:19-20; 행 2:42, 46-47; 딤전 4:16; 고전 1:21; 엡 5:19-20; 6:17-18).

소요리문답

88문: 그리스도께서 우리에게 구속의 혜택을 전달하시는 외적이고 일상적인 방편은 무엇입니까?

답: 그리스도께서 우리에게 구속의 혜택을 전달하시는 외적이고 일상적인 방편은 그분의 규례로, 특히 말씀과 성례와 기도입니다. 이 모든 것은 택함 받은 자들의 구원을 효력 있게 합니다(마 28:19-20; 행 2:42, 46-47).

29　벌코프, 『조직신학 (하)』, 869.
30　벌코프, 『조직신학 (하)』, 867.

(5) 성례는 어떻게 효력을 미칩니까? (신앙고백서 제27장 3절; 대요리문답 161문답; 소요리문답 91문답)

성례는 어떻게 효력을 미칠까요? 잘못된 가르침부터 먼저 살펴봅시다.

첫째, 사효성(事效性)입니다. 성례라는 행위 그 자체에 능력이 있다는 생각입니다. 라틴어로 엑스 오페레 오페라토(*ex opere operato*)라고 합니다. 이러한 생각은 로마가톨릭의 가르침으로, 토마스 아퀴나스로부터 온 것입니다.[31] 그들은 성례를 베풀기만 하면 효력이 발생한다고 봅니다. 이후에 다루게 될 '세례 중생론'이 대표적인 주장입니다. 로마가톨릭의 이러한 가르침이 잘못되었음은 루터를 비롯한 종교개혁자들이 지적했습니다.

둘째, 인효성(人效性)입니다. 성례를 집례하는 사람의 신분, 지위, 인격에 달려 있다는 생각입니다. 라틴어로 엑스 오페레 오페란티스(*ex opere operantis*)라고 합니다(참조. 고전 1:11-16). 이러한 생각은 도나투스주의자들(Donatists)의 가르침입니다. 디오클레티아누스 황제 시기(Diocletianus, 284-305년 통치)의 박해로 인해 많은 신자와 사제들이 배교한 이후, 도나투스(Donatus, 313-347년)와 그의 추종자들은 배교한 지도자들로부터 세례를 받거나 가르침을 받는 것은 무효라고 주장했습니다. 그들은 온전한

---

31 『기독교강요』, 4권 14장 26절. 로마가톨릭의 엑스 오페레 오페라토(*ex opere operato*)에 대한 가르침은 Thomas Aquinas, *Summa Theologica*, Question 64, Article II와 트렌트 공의회 6-7조항에서 비롯되었습니다. 레이몬드, 『최신 조직신학』, 1160; 맥킴, 『교회의 역사를 바꾼 9가지 신학 논쟁』, 261. 사효성 개념은 12세기 말에 '인효성'의 대립 개념으로 등장했습니다. 제임스 화이트, 『성례전: 하나님의 자기 주심의 선물』, 김운용 역 (서울: WPA, 2006), 69.

성직자들을 통한 성례만이 유효하며, 그런 성직자들이 있어야 참된 교회가 있다고 보았습니다.[32] 도나투스주의의 이러한 가르침이 잘못되었음은 아우구스티누스가 지적했습니다.[33] 아우구스티누스는 세례를 베푸는 사람의 거룩성에 좌우되는 것이 아니라고 주장했습니다. 합당하지 않은 사람이 베풀었다고 하더라도 삼위 하나님의 이름으로 세례받았으면 그 세례는 유효하다고 보았습니다. 아우구스티누스의 입장은 오늘날 개신교회의 입장입니다(신앙고백서 제27장 3절; 대요리문답 161문답; 소요리문답 91문답).

개혁주의 전통은 사효성과 인효성에 반대합니다. 오히려 개혁주의 신학은 다음과 같이 믿습니다.

첫째, 성령님이 사용하시지 않고, 바른 믿음이 작용하지 않는 성례는 유효하지 않습니다. 성례에 참여하는 사람이 믿음과 사랑으로 받을 때 효력이 있습니다.[34] 믿음을 가지고 성례에 참여할 때 그 성례에 속한 모든 은혜가 우리에게 주어집니다. 믿음 없이 성례에 참여할 때는 그 성례로부터 아무런 은혜도 내려지지 않습니다.[35] 루터는 성례를 믿음으로 받는 이들에게 하나님의 은혜의 확실한 표지와 약속이 제공된다고 했습니다.

---

[32] 『기독교강요』, 4권 15장 16절 이승구, 『하이델베르크 요리문답 강해 II』, 148.
[33] 유스토 곤잘레스, 『초대교회사』, 서영일 역 (서울: 은성, 1987), 337-38; 헨리 채드윅, 『초대교회사』, 서영일 역 (서울: 기독교문서선교회, 1997), 240-46; 앨리스터 맥그래스, 『신학의 역사』, 소기천 외 역 (서울: 知와 사랑, 2001), 125-28; J. V. Fesko, *Word, Water, and Spirit: A Reformed Perspective on Baptism* (Grand Rapids: Reformation Heritage Books, 2010), 21-22.
[34] 벌코프, 『조직신학 (하)』, 881.
[35] 이승구, 『하이델베르크 요리문답 강해 II』, 148.

둘째, 세례는 누가 집례하느냐가 아니라 삼위일체 하나님의 이름으로 행해졌느냐에 따라 효력이 있습니다. 칼뱅은 교황적 통치 아래서 불경하고 사악한 우상숭배적인 사람에 의해 세례를 받았다 해도 삼위일체의 이름으로 세례받은 사람은 참 기독교 세례를 받은 것이라고 주장했습니다.[36]

개혁주의 전통은 사효성을 반대하기에 성례를 했다는 것만으로 효력이 있다고 보지 않습니다. 인효성을 반대하기에 누구한테 세례를 받았느냐 하는 것이 중요하지 않습니다. 삼위일체 하나님의 이름으로 세례를 받았느냐가 중요합니다.

그러므로 성례는 항상 말씀과 함께해야 하며, 성례를 집례하는 사람은 분명한 목소리와 표현으로 말씀을 선포해야 하고, 성례에 참여하는 이는 집례하는 이의 '제정의 말씀'을 바르게 듣고 깨달아야 하며, 믿음으로 그 자리에 참여해야 합니다.[37]

우리는 성례 자체를 지나치게 무의미한 것으로 받아들여 그 속에 담긴 비밀한 뜻을 소멸시키거나 약화시켜서 우리에게 전혀 열매를 맺지 못하도록 만들어서는 안됩니다. 반대로 성례에 지나치게 큰 의미를 부과해서 그리스도만이 우리에게 주실 수 있는 유익을 성례 자체의 표징 덕분으로 돌리는 것도 유의해야 합니다.[38]

성례는 하나님의 신실하심에 효력의 원인이 있고, 우리가 그 신

---

36 『기독교강요』, 4권 15장 16-17절.
37 『기독교강요』, 4권 14장 4절.
38 『기독교강요』, 4권 14장 16절; 그루뎀, 『조직신학 (하)』, 175.

실하심에 순종하는 반응으로 나타날 때 효력이 발생합니다.[39]

> **신앙고백서**
>
> **제27장 성례에 관하여**
> 3. 바르게 시행된 성례 안에서 혹은 그 성례로 인하여 나타나는 은혜는 성례 안에 있는 능력에 의해 부여되는 것이 아니며, 베푸는 사람의 경건이나 의도(intention)에 의존하는 것도 아니며(롬 2:28-29; 벧전 3:21), 성령의 역사와(마 3:11; 고전 12:13) 제정의 말씀(the word of institution)에 달려있으니 그 말씀은 성례 사용의 권한을 부여하는 명령과 그것을 합당하게 받는 사람에게 주는 은혜의 약속을 담고 있다(마 26:27-28; 28:19-20).

> **대요리문답**
>
> 161문 : 성례가 어떻게 구원의 효력 있는 방편이 됩니까?
> 답 : 성례가 구원의 효력 있는 방편이 되는 것은 그 자체 안에 있는 어떤 능력이라든지, 혹은 그것을 집행하는 자의 경건이나 의도에서 나오는 어떤 덕행으로 말미암는 것이 아니고, 오직 성령의 역사와 그것들을 제정하신 그리스도의 복으로 말미암습니다(벧전 3:21; 행 8:13, 23; 고전 3:6, 7; 12:13).

> **소요리문답**
>
> 91문 : 성례는 어떻게 구원의 효력 있는 방편이 됩니까?
> 답 : 성례가 구원의 효력 있는 방편이 되는 것은 성례 그 자체

---

39 머레이, 『조직신학 Ⅱ』, 382.

> 나 성례를 베푸는 자에게 있는 어떤 덕(virtue)으로 되는 것이 아니요, 오직 그리스도의 복주심과(벧전 3:21; 마 3:11; 고전 3:6-7) 믿음으로 성례를 받는 자들 속에 있는 그리스도의 영의 역사하심으로 되는 것입니다(고전 12:13).

(6) 성례에 대해 다른 교파는 어떻게 가르칩니까?

구세군은 성례의 의식화를 반대하여 세례와 성찬을 교리화하지 않습니다. 퀘이커교도는 물세례는 일시적인 제도였고, 복음의 탁월한 속성이 여실히 드러난 성령 시대에는 성령세례가 물세례를 대신한다고 생각합니다.

로마가톨릭은 세례가 구원에 절대적으로 필요하다고 합니다.[40] '원죄'는 영세를 통해 해결되고, 대죄(mortal sin)는 고해성사로 죄 사함을 받는다고 합니다.[41]

2) 세례란 무엇입니까?

(1) 세례란 무엇입니까? (신앙고백서 제28장 1절; 대요리문답 165

---

40 벌코프, 『조직신학 (하)』, 880.
41 한국 천주교 주교회의 교리교육위원회 역, 『가톨릭 교회 교리서』 (서울: 한국 천주교 중앙협의회, 2008), 1422, 1424항; 조영엽, 『가톨릭 교회 교리서 비평』 83. 참고로, 『가톨릭 교회 교리서』는 로마 가톨릭 교황청이 1986년 12명의 추기경들과 감독들로 '교리서 위원회'(Commission of Cardinals and Bishops)를 발족하여 교리서 편찬 임무를 맡기고, 그 위원회는 7년에 걸쳐 집중적으로 노력한 끝에 이 교리서를 발행하였습니다. 이 '교리서 위원회'의 위원장은 당시 교황청 교리장관이었던 '요제프 라칭거'(Joseph Ratzinger) 추기경이었습니다. 라칭거는 2005년 4월 24일 265대 교황이 되었으니 베네딕토 16세(Benedictus XVI)입니다. 1992년 10월 11일 당시 교황 요한 바오로 2세가 제2차 바티칸 공의회 30년 개회식에서 '신앙의 유산'으로 이 교리서를 반포했습니다. 전문 4부(제1부 신앙고백, 제2부 그리스도 신비의 기념, 제3부 그리스도인의 삶, 제4부 그리스도인의 기도) 등 총 2,865조로 구성되어 있습니다. 조영엽, 『가톨릭 교회 교리서 비평』, 11-12.

문답; 소요리문답 94문답)

세례는 예수님께서 제정하신 성례로서, 구약의 할례가 신약의 세례로 이어졌습니다. 구약의 할례는 남자 생식기 일부를 잘라내는 것으로, 하나님은 할례로써 어떤 사람이 하나님의 언약 안에 있는지를 구분토록 하셨습니다. 그래서 이스라엘 백성은 할례를 통해 자신이 하나님의 약속 안에 있음을 믿고 살았습니다.

창세기 17장 7절에 보면 하나님께서 아브라함에게 약속의 말씀을 주시기를 "내가 내 **언약**을 나와 너 및 네 대대 후손 사이에 세워서 **영원한 언약**을 삼고 너와 네 후손의 하나님이 되리라"라고 하셨습니다. 이어서 하나님은 이 약속에 대한 표를 주셨으니 창세기 17장 10-11절에서 "¹⁰너희 중 남자는 다 **할례**를 받으라 이것이 나와 너희와 너희 후손 사이에 지킬 내 **언약**이니라 ¹¹너희는 포피를 베어라 이것이 나와 너희 사이의 **언약**의 **표징**이니라"라고 하셨습니다. 이렇게 하나님은 할례라는 언약의 표를 통해 하나님과 그 백성이 맺은 약속(언약)이 분명하다는 사실을 기억하도록 하셨습니다.

할례가 신약시대에 와서 변경되니 곧 세례입니다. 이제는 몸에 행하는 할례 대신에 물을 붓거나 뿌리거나 잠그는 형식의 세례로 바뀌게 되었습니다.

세례가 할례를 대신한다는 사실은 골로새서 2장 11-12절에서 볼 수 있습니다. "¹¹또 그 안에서 너희가 **손으로 하지 아니한 할례**를 받았으니 곧 육의 몸을 벗는 것이요 **그리스도의 할례**니라 ¹²너희가 **세례**로 그리스도와 함께 장사되고 또 죽은 자들 가운데서 그를 일으키신 하나님의 역사를 믿음으로 말미암아 그 안에서 함께 일으키심을 받았느니라." 이 말씀을 보면 '손으로 하지 아니한 할례'가 곧 '세례'고, 세례는 그리스도의 할례 곧 그리스도께서 성취하신 것을 할례를 대신하여 주신 것입니다. 세례는 구약의 할례를 대체한 것으로 언약의 표시입니다.

이렇게 형식은 바뀌었지만, 본질은 바뀌지 않았습니다(신앙고백서 제27장 5절). 할례가 곧 하나님의 언약의 표였던 것처럼 세례 역시 하나님의 언약의 표입니다.[42]

세례는 삼위 하나님을 알지 못하던 죄인이 하나님의 은혜 언약에 따라 그리스도에게 접붙임 받아 거듭나서 그리스도를 향한 믿음과 순종을 고백하고 죄 용서함을 받고 하나님의 자녀가 되며 영원한 생명을 보장받았음을 드러내는 예식입니다. 세례는 그리스도와 함께 매장되었고 그리스도와 함께 다시 살아났음을 공개적으로 보여주는 축제입니다(롬 6:3-5; 골 2:12).[43] 나아가 그리스도의 몸인 교회 공동체에 허입되는 입교(initiation)의 표시입니다.[44] 세례받은 사람은 이제 예수 그리스도 안에서 하나님을 위하여 사는 새로운 삶을 살게 됩니다. 교회의 책임 있는 구성원이 되어 의무와 권리를 갖게 됩니다.

세례는 다음을 나타내고 인칩니다.

---

[42] 손재익, 『벨기에 신앙고백서 강해』 (서울: 디다스코, 2019), 423-24.
[43] 유해무, 『개혁교의학』, 517-18.
[44] 『기독교강요』, 4권 15장 1, 6, 13절; 머레이, 『조직신학 Ⅱ』, 384.

① 세례는 예수 그리스도에게 접붙임 받아 연합되었음을 나타내고 인칩니다. 이에 대해 다음의 성경 구절이 가르쳐 줍니다.

로마서 6장 3절 "무릇 그리스도 예수와 합하여 세례를 받은 우리는…"

갈라디아서 3장 27절 "누구든지 그리스도와 합하기 위하여 세례를 받은 자는 그리스도로 옷 입었느니라"

② 세례는 중생과 죄 씻음을 나타내고 인칩니다.[45] 이에 대해 다음의 성경 구절이 가르쳐 줍니다.

디도서 3장 5-7절 "[5]우리를 구원하시되 우리가 행한 바 의로운 행위로 말미암지 아니하고 오직 그의 긍휼하심을 따라 중생의 씻음과 성령의 새롭게 하심으로 하셨나니 [6]우리 구주 예수 그리스도로 말미암아 우리에게 그 성령을 풍성히 부어 주사 [7]우리로 그의 은혜를 힘입어 의롭다 하심을 얻어 영생의 소망을 따라 상속자가 되게 하려 하심이라"

③ 세례는 그리스도와 함께 죽고 함께 살아남을 나타내고 인칩니다.[46] 이에 대해 다음의 성경 구절이 가르쳐 줍니다.

로마서 6장 3-5절 "[3]무릇 그리스도 예수와 합하여 세례를 받은 우리는 그의 죽으심과 합하여 세례를 받은 줄을 알지 못하느냐 [4]그러므로 우리가 그의 죽으심과 합하여 세례를 받음으로 그와 함께 장사되었나니 이는 아버지의 영광으로 말미암아 그리스도

---

45 『기독교강요』, 4권 15장 4절.
46 『기독교강요』, 4권 15장 5절.

를 죽은 자 가운데서 살리심과 같이 우리로 또한 새 생명 가운데서 행하게 하려 함이라 ⁵만일 우리가 그의 죽으심과 같은 모양으로 연합한 자가 되었으면 또한 그의 부활과 같은 모양으로 연합한 자도 되리라"

골로새서 2장 12절 "너희가 세례로 그리스도와 함께 장사되고 또 죽은 자들 가운데서 그를 일으키신 하나님의 역사를 믿음으로 말미암아 그 안에서 함께 일으키심을 받았느니라"

④ 세례는 죄 가운데 있던 사람이 삼위일체 하나님을 향하여 들어감을 나타내고 인칩니다. 이에 대해 다음의 성경 구절이 가르쳐 줍니다.

마태복음 28장 19절 "그러므로 너희는 가서 모든 민족을 제자로 삼아 아버지와 아들과 성령의 이름으로 세례를 베풀고"

이 구절에 나오는 "-의 이름으로"에 해당하는 헬라어 에이스(εἰς)는 '수단'(by)이라는 개념보다는 삼위 하나님을 향하여(in)라는 의미에 가깝습니다.[47] 이런 관점에서 볼 때 수세자는 세례를 통해 삼위 하나님과 연관된 존재가 됩니다.[48] 삼위일체 하나님께서 요구하시는 관계, 하나님께 바쳐진 관계에 놓입니다.[49]

⑤ 세례는 그리스도로 말미암아 하나님께 헌신하여 새 생명 가운데 살게 됨을 나타내고 인칩니다. 이에 대해 다음의 성경 구절이 가르쳐 줍니다.

---

47 벌코프, 『조직신학 (하)』, 887-88.
48 G. I. Williamson, *The Westminster Confession of Faith* (Phillipsburg: P&R, 2004), 269.
49 제임스 패커, 『세례와 회심』, 김진웅 역 (서울: 아바서원, 2012), 19.

로마서 6장 4절 "그러므로 우리가 그의 죽으심과 합하여 세례를 받음으로 그와 함께 장사되었나니 이는 아버지의 영광으로 말미암아 그리스도를 죽은 자 가운데서 살리심과 같이 우리로 또한 새 생명 가운데서 행하게 하려 함이라"

⑥ 세례는 그리스도의 몸인 교회에 허입(許入)하는 것을 나타내고 인칩니다.[50] 이에 대해 다음의 성경 구절이 가르쳐 줍니다.

고린도전서 12장 13절 "우리가 유대인이나 헬라인이나 종이나 자유인이나 다 한 성령으로 세례를 받아 한 몸이 되었고 또 다 한 성령을 마시게 하셨느니라"

갈라디아서 3장 27-28절 "[27]누구든지 그리스도와 합하기 위하여 세례를 받은 자는 그리스도로 옷 입었느니라 [28]너희는 유대인이나 헬라인이나 종이나 자유인이나 남자나 여자나 다 그리스도 예수 안에서 하나이니라"

세례는 교회가 어떻게 세워지는지를 보여줍니다. 교회가 새로 온 사람을 그리스도의 몸의 일원으로 삼을 때마다, 그리스도께서는 교회를 위해 죽으시고 다시 부활하신 일, 즉 그리스도께서 행하신 일을 교회에 생생하게 나타내 보여주십니다. 교회가 어떤 사람에게 세례를 베풀어 그를 교회의 일원으로 받아들일 때마다 세례는 새로운 그리스도인에게 복음을 전하고 양육해야 할 책임을 교회의 모든 구성원에게 제공해 줍니다.[51]

---

50 『기독교강요』, 4권 15장 6, 13절.
51 화이트, 『성례전』, 98.

세례를 통해 교회에 속한 모든 자들은 동등하게 됩니다(갈 3:27-28).[52] 세례는 모든 그리스도인이 순수한 선물로 그것을 받으며, 누구에게나 동일하게 주어지기 때문에 평등을 상징합니다.[53] 세례자는 같은 물을 통과하였고, 같은 몸 안에서 함께 일어났습니다.[54]

이런 점에서 세례는 구원의 모든 것을 나타냅니다. 하나님을 알지 못하여 세상에 속해 있던 죄인이 성령님의 역사로 말미암아 거듭나서 예수 그리스도를 믿음으로 말미암아 죄 씻음을 받아 하나님의 자녀가 되고 그리스도의 몸 된 교회의 한 지체가 됩니다.

이 과정들은 우리가 구원받게 되는 과정들을 요약적으로 말한 것인데, 세례란 이 모든 과정을 한 번에 가시적으로 보여주는 표시입니다. "죄인 됨-거듭남-믿음-죄 씻음-양자 됨-교회의 지체 됨"이라는 구원의 서정의 모든 내용을 세례라는 표시를 통해서 한 번에 보여줍니다.

그래서 세례는 궁극적으로는 교회 가입의 표시이지만 실질적으로는 죄인으로서 세상에 속하였던 자가 죄에 대하여, 세상에 대하여, 옛 사람에 대하여 씻음 받아 그리스도와 함께 죽고, 함께 살아남으로써 삼위 하나님께 속하게 되었다는 표시로 베푸는 것입니다(마 28:19; 롬 6:3-4).[55]

---

52 화이트, 『성례전』, 209.
53 화이트, 『성례전』, 212, 215.
54 화이트, 『성례전』, 218.
55 손재익, 『벨기에 신앙고백서 강해』, 424-25.

신앙고백서

제28장 세례에 관하여

1. 세례는 예수 그리스도께서 제정하신 신약의 성례다(마 28:19). 세례받는 사람을 보이는 교회에 엄숙하게 허입시킬 뿐만 아니라(고전 12:13) 은혜 언약(롬 4:11; 골 2:11-12), 그리스도에게 접붙혀짐(갈 3:27; 롬 6:5), 거듭남(딛 3:5), 죄 용서(막 1:4), 예수 그리스도를 통해 하나님께 헌신하여 새로운 삶을 살게 됨(롬 6:3-4)의 표와 인이다. 이 성례는 그리스도께서 친히 정하신 대로 세상 끝날까지 그분의 교회에서 계속되어야 한다(마 28:19-20).

대요리문답

165문 : 세례가 무엇입니까?

답 : 세례는 신약의 성례인데, 그리스도께서 성부와 성자와 성령의 이름으로 물로 씻는 의식을 제정하시되(마 28:19), 이것은 그리스도 자신에게 접붙이고(갈 3:27), 그의 피로 죄 사함을 받으며(막 1:4; 계 1:5), 그의 영으로 거듭나고(딛 3:5; 엡 5:26), 양자가 되어(갈 3:26, 27), 영원한 생명에 이르는 부활의 표와 인입니다(고전 15:29; 롬 6:5). 이로써 세례받은 당사자들은 보이는 교회에 엄숙히 받아들여지고(고전 12:13), 전적으로 오직 주께만 속한다는 약속을 공개적으로 고백하게 되는 것입니다(롬 6:4).

> **소요리문답**
>
> **94문: 세례가 무엇입니까?**
> 답: 세례는 물을 가지고 성부와 성자와 성령의 이름으로 씻는 성례인데(마 28:19), 우리가 그리스도에게 접붙여 지는 것과 은혜 언약의 모든 혜택에 참여함과 우리가 주님의 것이 되기로 약속함을 표시하며 인치는 것입니다(롬 6:4; 갈 3:27).

(2) 세례는 누구에게 베풉니까? (신앙고백서 제28장 4절; 대요리문답 166문답; 소요리문답 95문답)

세례는 그리스도를 향한 믿음과 순종을 고백하는 사람에게 베풉니다. 또한 둘 다 믿거나 한 사람만 믿는 부모에게서 태어난 유아들에게 베풉니다.

믿지 않던 사람이 복음을 듣고 거듭나서 회심을 했다면, 그 사실을 확인한 뒤 신앙고백을 점검하고 세례를 베풉니다(막 16:16; 행 2:41; 8:37; 16:31-33).[56] 이때 당회와 목사는 세례받을 사람들의 신앙을 확실히 확인하여 아무나 교회원이 되는 일이 없도록 합니다.

한 사람이나 부부가 신자인데 자녀가 태어났을 경우에도 세례를 베풉니다. 이를 유아세례라고 합니다. 역사적으로 로마가톨릭은 물론 종교개혁자들의 전통을 잇는 개신교의 대부분이 유아세례를 당연한 것으로 받아들였습니다.

참고로, 고대교회의 테르툴리아누스(Tertullianus, 약 155년-

---

56 벌코프, 『조직신학 (하)』, 894.

240년경),⁵⁷ 종교개혁 당시의 재세례파, 침례교회, 바르트주의자⁵⁸ 들은 유아세례를 반대합니다. 침례교회는 유아세례를 거부하는 대신 '헌아식'을 합니다. 헌아식(獻兒式, Baby Dedication)이란 문자 그대로 아이를 하나님께 바친다는 뜻입니다. 아기가 태어나 교회에 처음 출석했을 때 목사에게 데리고 나가서 그 아이를 위해 목사가 축복기도를 해 주고 온 교회가 축하해 주는 것입니다.⁵⁹ 세례를 베풀지 않는 대신 그 아이가 믿지 않는 가정의 아이와 다르다는 것을 표시는 해야겠기에 헌아식을 행하는 것입니다. 성결 교회는 유아세례를 부정하지는 않지만 시행하지 않고 있습니다.

---

57 테르툴리아누스 당시(2세기)에 유아세례를 시행하는 일이 일반적이었다고 하면서 자신은 세례를 늦추어 성인 세례를 하는 것이 안전하고 더 유익하다고 논증하고 있습니다(De Baptismo, C. XVIII). 참조. 벌코프, 『조직신학 (하)』, 898. 이 말을 통해 유아세례가 당시에 일반적이었음을 알 수 있고, 테르툴리아누스의 견해는 일반적이지 않음을 알 수 있습니다.
58 칼 바르트는 "세례에 관한 교회의 가르침"(Die kirchliche Lehre von Taufe)이라는 제목의 책자에서 유아세례를 반대합니다. 이때부터 유아세례는 개신교 신학에 있어서 하나의 중요한 문제로 논의되기 시작합니다. 김균진, 『기독교조직신학 IV』 (서울: 연세대학교출판사, 1993), 494. 바르트의 뒤를 이어 몰트만(J. Moltmann)과 쥬엣(P. Jewett), 슈나이더(J. Schneider) 등 20세기 신학의 거장들이 연이어 유아세례의 정당성에 대해 의문을 제기하고, 반대 주장을 개진하였습니다.
59 '헌아식'에 대한 그들의 성경적 근거는 한나가 서원을 이행할 때 그 아들 사무엘을 하나님께 바쳐 성전에서 자라게 한 기록(삼상 2:18; 3장)과 예수님 당시에 많은 아이들이 그 부모와 함께 예수님께 나왔을 때에 친히 영접하시고 안고 축복하신 일(마 19:14; 막 10:14; 눅 18:16)입니다. 그런데 헌아식 도입 자체가 유아세례를 반대하는 자기들의 주장이 얼마나 잘못 되었는지를 잘 보여줍니다.

> ### 신앙고백서

제28장 세례에 관하여

4. 그리스도를 향한 믿음과 순종을 실제로 고백하는 사람뿐만 아니라(막 16:15-16; 행 8:37-38) 둘 다 믿거나 한 분만 믿는 부모의 유아들도 세례를 받아야만 한다(창 17:7, 9; 갈 3:9, 14; 골 2:11-12; 행 2:38-39; 롬 4:11-12; 고전 7:14; 마 28:19; 막 10:13-16; 눅 18:15).

> ### 대요리문답

166문 : 세례는 누구에게 베풉니까?

답 : 세례는 보이는 교회 밖에 있어서 약속의 언약에 대해 외인 된 자들(strangers)에게는 그들이 그리스도를 믿는 믿음과 그분께 대한 순종을 고백할 때까지는 누구에게도 세례를 베풀 수 없습니다(행 8:36, 37; 2:38). 그러나, 부모 둘 다 혹은 부모 중 한 사람이 그리스도를 믿는 믿음과 순종을 고백하는 자들의 자손인 유아들은 언약 안에 있는 것으로 간주되므로(in that respect, within the covenant) 세례를 베풉니다(창 17:7, 9; 갈 3:9, 14; 골 2:11, 12; 행 2:38, 39; 롬 4:11, 12; 고전 7:14; 마 28:19; 눅 18:15, 16; 롬 11:16).

> ### 소요리문답

95문 : 세례는 누구에게 베풉니까?

답 : 세례는 보이는 교회 밖에 있는 자들에게는 베풀지 않으며, 그들이 그리스도를 믿는 믿음과 그분께 대한 순종을 고

> 백할 때까지는 누구에게도 베풀 수 없으나(행 8:36-37;
> 2:38), 보이는 교회 회원들의 유아들에게는 세례를 베풉
> 니다(행 2:38-39; 창 17:10; 골 2:11-12; 고전 7:14).

(3) 세례는 어떻게 효력을 미칩니까? (신앙고백서 제28장 5-6절)

세례는 믿지 않는 사람을 거듭나게 하거나 믿음을 일으키거나 할 수는 없습니다. 믿는 사람의 믿음을 더욱 강화시킬 뿐입니다.[60] 사람이 거듭나는 것은 성령의 역사하심에 따른 것이지, 물로 세례를 받음으로 이뤄지는 것이 아닙니다. 그렇기에 세례에 지나친 의미를 부여해서 구원의 필요조건으로 이해해서는 안 됩니다.

로마가톨릭과 영국 성공회(Church of England)는 세례를 지나치게 중요하게 여겨 '세례 중생론'(baptismal regeneration theory)을 주장합니다. 세례 중생론이란 세례가 곧 거듭남의 수단이라는 이론입니다. 그들은 세례를 받으면 거듭난다고 믿습니다. 세례를 받지 않고 죽는 사람은 구원에서 제외된다고 말합니다. 세례를 받으면 원죄와 자범죄, 죄로 인한 형벌도 사함 받으며, 세례를 받으면 구원을 받으며, 천국에 들어간다고 믿습니다.[61]

로마가톨릭은 이러한 믿음에 기초해서 아기가 태어나자마자 세

---

60 벌코프, 『조직신학 (하)』, 889; 그루뎀, 『조직신학 (하)』, 215.
61 『가톨릭 교회 교리서』, 1215, 1257, 1263, 1265, 1277, 1279항; 조영엽, 『가톨릭 교회 교리서 비평』, 161-63. 로마가톨릭의 대표적인 공의회인 트렌트 공의회(1545-1563년)는 거듭남이 세례식과 더불어 시작된다고 선언했습니다. 제2차 바티칸 공의회(1963-1965년)는 구원을 위해서는 믿음과 세례가 필요하다고 주장했습니다. 영국 국교회(Church of England)는 39개조 신앙고백서(1563년) 제27조에서 "세례는 신앙고백의 표요, 그리스도인을 비그리스도인과 구별시켜 주는 표시일 뿐만 아니라 거듭남 즉, 새로운 탄생의 표이기도 하다. 그러므로 세례받는 이들은 세례를 통해 마치 접붙이기 하듯이 교회에 연합된다"라고 고백합니다.

례를 베풀었습니다. 이러한 세례를 '쿠암프리뭄'(quamprimum)이라고 합니다. 가능한 한 빨리(as soon as possible)라는 의미를 가진 라틴어입니다.[62] 오늘날에도 죽을 위험에 있거나 죽음을 앞둔 순간에 있는 유아에게는 사제나 부제가 없어도 신자나 합당한 의향을 가진 사람이라면 누구나 세례를 베풀 수 있다고 봅니다. 이를 위해 모든 평신도는 세례 베푸는 방법을 익혀 두어야 할 정도입니다.[63]

로마가톨릭의 이러한 생각은 요한복음 3장 5절 "예수께서 대답하시되 진실로 진실로 네게 이르노니 사람이 물과 성령으로 나지 아니하면 하나님의 나라에 들어갈 수 없느니라"에 대한 잘못된 해석에 기초합니다. 로마가톨릭은 여기에서의 '물'을 '물세례'로 이해합니다. 그러나 정통적인 해석은 '물세례'가 아니라 '씻음'입니다.[64]

세례 중생론은 성경적이지도 상식적이지도 않습니다.[65] 만약 세례 중생론이 사실이라면 굳이 전도할 필요가 없습니다. 아무에게

---

[62] 화이트, 『성례전』, 87.
[63] 한국 천주교 주교회의, 『유아세례예식』 (서울: 한국천주교 주교회의 전례위원회, 2012), 16, 22.
[64] 이 부분에 대한 자세한 설명으로 다음을 참고하십시오. 헤르만 바빙크, 『개혁교의학』, 4권 50장[437]; 브루스 데머리스트, 『십자가와 구원』, 이용중 역 (서울: 부흥과개혁사, 2006), 443; 존 파이퍼, 『존 파이퍼의 거듭남』, 전의우 역 (서울: 두란노, 2009), 6-51; 싱클레어 퍼거슨, 『성령』, 김재성 역 (서울: IVP, 1999), 133-34; 유태화, 『삼위일체론적 구원론』 (서울: 대서, 2010), 196-97; 이스데반, 『이것이 중생이다』 (서울: 부흥과개혁사, 2013), 62-79; 강웅산, 『구원론』 (화성: 말씀과 삶, 2016), 195; 황원하, 『요한복음』 (서울: SFC, 2017), 99; 조석민, 『요한복음의 새관점』 (서울: 솔로몬, 2008), 163; 손재익, 『나에게 거듭났냐고 묻는다면?』 (서울: 좋은씨앗, 2021), 97-98.
[65] 세례 중생론의 오류에 대한 더 자세한 내용으로는 다음을 보십시오. 제임스 뷰캐넌, 『성령의 사역, 회심과 부흥』, 신호섭 역 (서울: 지평서원, 2006), 251-62; 옥타비우스 윈슬로우, 『성령님의 구원사역』, 김효남 역 (서울: 지평서원, 2011), 54-56; 앤서니 후크마, 『개혁주의 구원론』, 이용중 역 (서울: 부흥과개혁사, 2012), 155-56.

나 세례를 베풀기만 하면 될 것입니다. 전도 대신 세례를 베풀기 위해 애써야 할 것입니다.

성경에 보면 세례를 받은 사람 중에도 거듭나지 않은 사람이 있습니다. 마술사 시몬입니다(행 8:9-23). 세례를 받지 않은 사람 중에도 거듭난 사람이 있습니다. 십자가에 달린 한편 강도입니다(눅 23:39-43).

세례는 하나님께서 원하셨고 그리스도께서 제정하셨다는 의미에서는 필수적이지만, 구원에 필수적이지는 않습니다.[66] 그렇기 때문에 신앙이 없는 사람을 억지로 세례받게 할 필요가 없고, 당회로부터 세례의 허락을 받지 못했다 하여 화를 낼 필요도 없습니다.

이와 관련해서 신앙고백서 제28장 제5절은 세례 중생론의 문제점을 염두에 두고 다음과 같이 고백합니다.

신앙고백서

제28장 세례에 관하여

5. 이 예식을 멸시하거나 무시하는 것은 큰 죄지만(눅 7:30; 출 4:24-26), 은혜와 구원이 세례에 불가분하게 결합된 것은 아니므로, 세례 없이 거듭나거나 구원받는 사람이 없는 것은 아니며(롬 4:11; 행 10:2, 4, 22, 31, 45, 47) 세례를 받은 모든 사람이 의심할 여지없이 거듭나는 것은 아니다(행 8:13, 23).

---

66 유해무, 『개혁교의학』, 519.

개신교회는 오직 믿음으로 구원 얻는다고 가르치며, 성례는 믿음을 일으키는 것이 아니라 믿음이 받아들여진 곳에서 시행된다고 봅니다.

그럼에도 불구하고 성례를 하나님의 명령에 비추어서 의무적인 것이라고 봅니다. 그렇기에 고의적으로 성례의 사용을 멸시하는 것은 영적인 빈곤을 초래할 뿐만 아니라 파멸적인 경향으로 나아갈 수도 있습니다.[67]

신앙고백서

제28장 세례에 관하여

5. 이 예식을 멸시하거나 무시하는 것은 큰 죄지만(눅 7:30; 출 4:24-26), 은혜와 구원이 세례에 불가분하게 결합된 것은 아니므로, 세례 없이 거듭나거나 구원받는 사람이 없는 것은 아니며(롬 4:11; 행 10:2, 4, 22, 31, 45, 47) 세례를 받은 모든 사람이 의심할 여지없이 거듭나는 것은 아니다(행 8:13, 23).

6. 세례의 효력은 집행되는 그 순간에만 국한되어 있지 않다(요 3:5, 8). 그럼에도 불구하고 이 예식의 올바른 사용에 의해 약속된 은혜가 성령에 의해 제공될 뿐만 아니라 하나님께서 정하신 때에 하나님 자신의 뜻하신 경륜에 따라 그 은혜가 본래 있어야 하는 사람들에게 (어른이든 유아들에게든) 성령에 의해 실제로 나타내시고 베푸신다(갈 3:27; 딛 3:5; 엡 5:25-26; 행 2:38, 41).

---

67 벌코프, 『조직신학 (하)』, 880.

(4) 세례는 몇 번 받을 수 있습니까? (신앙고백서 제28장 7절; 대요리문답 167문답)

세례는 누구든지 일평생 한 번만 받아야 합니다. 그 이유는 한 번 받은 세례는 일평생 효력을 끼치기 때문입니다(신앙고백서 제28장 6절; 대요리문답 167문답). 중생이 한 개인에게 단 한 번 일어나는 것처럼, 세례도 단 한 번으로 충분합니다. 하나님과 한 번 맺은 언약이 죄를 범한 후에도 영원토록 확인되는 것처럼, 세례도 한 번 받은 후에는 죄 사함을 위해 회개하는 모든 사람에게 평생토록 확인됩니다. 그리스도와 합하여 받는 세례에는 신자의 과거, 현재, 미래가 다 포함되어 있습니다.[68]

그러므로 세례를 반복해서도 안 되고, 생의 마지막에 가서 세례를 받으면 그 이후에는 더 이상 죄를 짓지 않을 것이므로 그때에야 비로소 죄로부터 완전히 깨끗해지기라도 하는 것처럼 세례를 미루어서도 안 됩니다.[69]

성찬은 매 주일 받을 수 있지만, 세례는 일평생 단 한 번만 받아야 합니다. '재(再)세례'는 불가능합니다.

신앙고백서

제28장 세례에 관하여
7. 세례의 성례는 누구에게든지 한 번만 베풀어야 한다(딛 3:5).

---

[68] 유해무, 『개혁교의학』, 519; 『기독교강요』, 4권 15장 3절.
[69] 자카리아스 우르시누스, 『하이델베르크 요리문답해설』, 원광연 역 (고양: 크리스챤다이제스트, 2006), 603.

> **대요리문답**
>
> **167문 : 우리의 세례를 우리가 어떻게 향상시킬 수 있습니까?**
>
> 답 : 우리가 받은 세례를 향상시켜야 할 의무는, 꼭 필요하지만 매우 소홀히 해 왔습니다. 이것은 우리가 평생에 걸쳐 행해야 할 것인데, 특별히 시험을 당할 때와 다른 사람들이 세례받는 자리에 참석했을 때에 해야 합니다(골 2:11, 12; 롬 6:4, 6, 11). 세례의 본질과 그리스도께서 그것을 제정하신 목적과 세례에 의해 우리에게 주어지고 보증된 특권과 혜택, 세례 시에 행한 우리의 엄숙한 서약 등을 신중하면서도 감사히 생각함으로써 해야 합니다(롬 6:3-5). 우리의 죄악 된 더러움과 세례의 은혜와 우리의 맹세에 못 미치고 역행하는 것으로 인해 겸손함으로써 하고(고전 1:11-13; 롬 6:2, 3), 그 성례 안에서 우리에게 보증된 죄 사함과 다른 모든 복에 대한 확신에 이르기까지 성숙함으로써 해야 합니다(롬 4:11, 12; 벧전 3:21). 우리가 그리스도와 합하여 세례를 받음으로써 그의 죽음과 부활에서 힘을 얻고, 죄를 무력하게 하며, 은혜를 소생시킴으로써 하고(롬 6:3-5), 믿음으로 살기를 힘쓰며(갈 3:26, 27), 그리스도에게 자기들의 이름들을 바친 자들로서(행 2:38), 거룩함과 의로운 생활을 하고(롬 6:22), 같은 성령으로 세례를 받아 한 몸을 이룬 자들로서 형제의 사랑으로 행하기를 노력함으로써 할 것입니다(고전 12:13, 25, 26, 27).

(5) 로마가톨릭교회에서 영세 받은 사람은 어떻게 해야 합니까? 영세를 받은 이후 개신교로 개종한 경우는 어떻게 해야 합니까?

입교 대상자와 같이 당회 문답과 서약, 회중 앞에서 서약한 후 입교인으로 받아들이면 됩니다(2008년 예장 고신 제58회 총회 확인 사항).

예장 합동 교단은 제99회(2014년) 총회에서 '로마가톨릭에서 받은 영세를 인정하지 않고 그들이 개종하면 다시 세례를 받아야 한다.'고 결정했습니다. 이런 결정은 도나투스주의자의 전철을 밟는 것이고, 더 나아가 세례를 주관화시키는 우를 범하는 것입니다. 로마가톨릭 신자가 삼위 하나님에 대한 믿음을 제대로 가졌겠느냐고 의심하는 것은 삼위 하나님의 이름으로 베풀어지는 세례를 주관화시키는 것입니다. 세례는 삼위 하나님의 이름으로 베풀어지기 때문에 효력이 있는 것이지, 세례를 베푸는 사람의 능력이나 수세자의 믿음에 절대적으로 의존하는 것이 아닙니다.[70]

(6) 유니테리언 교회에서 받은 세례는 어떻게 됩니까?

한국에는 거의 없지만, 외국에는 유니테리언(Unitarian) 교회가 있습니다. 삼위일체 교리를 거부하고 예수 그리스도의 신성(神性)을 부인하는 기독교 교파입니다. 오직 하나님 한 분만 신이라고 하여 유일신론(unitheolism)을 주장하기 때문에 이런 이름이 붙었습니다.

유니테리언 교회에서 세례를 받은 사람이 개종한 경우 어떻게 해야 합니까? 1814년 미국장로교총회는 유니테리언 교회가 베푼

---

70 고신 총회, 『헌법해설』, 제1부 제5장 제65문.

세례는 무효라고 선언했습니다. 왜냐하면 그들은 삼위일체를 부정하기 때문입니다.[71] 세례란 삼위일체 하나님의 이름으로 베푸는 것인데 그것을 거부하는 곳에서 받은 세례는 사실상 세례가 아닙니다.

3) 입교란 무엇입니까?
(1) 입교란 무엇입니까?

입교는 유아세례를 받은 사람이 성장하여 자기 스스로 예수 그리스도를 구주로 고백하고 자신의 신앙을 공적으로 나타내는 일입니다.

그런데 자칫 입교(入敎)라는 표현은 오해를 줄 수 있습니다. 입교란 교회의 회원이 된다는 표현인데, 입교인은 유아세례 시에 이미 교회의 회원이 되었기 때문입니다(하이델베르크 요리문답 74문답).[72] 그러므로 입교라는 표현은 어색합니다. 유럽의 개혁교회에서는 '입교'라는 표현보다 '공적 신앙고백'(public profession of faith)이라고 합니다.[73]

(2) 입교의 성경적 근거는 무엇입니까?

입교의 성경적 근거는 디모데전서 6장 12절 "믿음의 선한 싸움

---

71 J. A. 핫지, 『교회정치문답조례』, 배광식, 정준모, 정홍주 역 (서울: 대한예수교장로회총회, 2011), 제158문답.
72 대한예수교장로회 고신 총회, 『교회헌법』(2023년판), 정치 제3장 교인 제25조 1항; J. G. Vos, *The Westminster Lager Catechism: A Commentary*, ed. G. I. Williamson (Phillipsburg: P&R, 2002), 138.
73 카렐 데던스, 『세례반에서 성찬상으로』, 양태진 역 (서울: 성약, 2014), 23-24.

을 싸우라 영생을 취하라 이를 위하여 네가 부르심을 받았고 많은 증인 앞에서 선한 증언을 하였도다"입니다. 이 구절에서 '증언'은 헬라어로 '호모로기아'(ὁμολογία)인데, 다른 말로 하면 '신앙고백'(confession)입니다. 디모데는 어릴 때부터 외할머니 로이스와 어머니 유니게를 통해 믿음을 배웠습니다(딤후 1:5). 어려서부터 어머니에게 성경을 배웠습니다(딤후 3:15). 이후에 성인이 되어 '많은 증인 앞에서', 즉 교회 앞에서 신앙고백(증언)한 것입니다. 이것이 입교(공적 신앙고백)의 근거입니다.

(3) 입교를 하면 어떻게 됩니까?

교인의 자녀로 출생한 모든 자녀들은 출생과 동시에 유아세례를 받아 교인이 됩니다. 부모와 조부모는 그들로 하여금 유아세례를 받게 하고 교회의 보호 아래 두어 교회의 권고와 치리에 복종하도록 양육합니다.[74] 유아세례를 받은 아이는 가정과 교회에서 성경과 요리문답을 통해 기독교 신앙을 배우고, 하나님을 경외하는 법, 주 예수 그리스도를 믿고 사랑하는 법, 죄를 미워하는 것, 말씀에 순종하는 것을 배웁니다.

장성하여 성인이 되면 부모와 교회로부터 이어받은 신앙이 자신의 것임을 하나님과 사람 앞에서 증언하여 성찬에 참여할 수 있게 합니다. 이를 입교(공적 신앙고백)를 통해 합니다.

입교는 유아세례를 받은 사람이 성장하여 자기 스스로 예수 그

---

[74] 고신 총회, 『교회헌법』(2023년판), 정치 제3장 교인 제25조 2-3항.

리스도를 구주로 고백하고 자신의 신앙을 나타내는 일입니다. 교회는 이 일을 통해 그에게 교인으로서의 의무와 권리를 부여합니다. 유아세례 교인일 때는 권리를 행사할 수 없었고, 의무는 부모의 지도 아래에 있었습니다. 하지만 입교한 후에는 성찬 참여를 비롯하여 공동의회 회원권 등의 권리를 스스로 행사할 수 있고, 자신의 믿음과 생활에 대해 스스로 책임져야 합니다.

2. 세례 대상자를 얻으려면 어떻게 해야 합니까?

교회는 세례를 베풀기 위해 늘 준비되어 있어야 합니다. 세례를 베푸는 주체는 교회입니다. 부활하신 예수님께서는 교회의 설립을 감당할 사도들에게 그 직임을 맡기셨습니다. 그러므로 교회는 세례 대상자를 발견하려고 항상 노력해야 합니다. 그렇게 발견된 대상자에 대해 교회가 세례를 권면해야 합니다.

다시 말해, 교회에 나오기 시작한 이후 복음을 듣고 거듭나고 회심하여 예수 그리스도를 참으로 고백하는 사람이 있다면, 그 사람이 적절한 때 세례를 받도록 권면해야 합니다. 이때 교회가 수동적으로 세례 대상자를 모집하는 것이 아니라 교회가 능동적으로 세례 대상자를 찾아야 합니다.

세례 교인으로 세우는 일은 새신자가 주도하는 것이 아니라 그가 속한 교회가 주도해야 합니다. 세례를 베풀라는 명령, 세례를 행해야 할 짐은 '교회'에 주어졌습니다.[75] 세례를 통해 교회의 문을 열고 닫는 일은 교회가 해야 합니다. 교회에 허입(許入)하게 하는 주체는 새신자가 아니라 교회입니다. 세례를 받는 것은 개체교회, 나아가서는 보편교회에 허입하는 의미를 지니고 있으므로 개인이 스스로 결단할 수 있는 성질의 것이 아닙니다. 세례를 받아야 할 사람이 세례를 받겠다고 신청하는 것이 아니라 교회가 세례를 받아야 할 만한 사람을 찾아서 그 사람에게 세례를 받도록 해야 합니다. 그리고 난 뒤 당회는 세례를 받을 만한 사람에게 상당 기간 동안 복음 지식을 배우게 하고 그 후에 세례받을 이들을 문답하여 그들의 신앙과 회심 여부를 자세히 살펴야 합니다. 또한 하나님을 아는 것과 그리스도 신앙이 진실함에 대하여 만족한 증거가 있어야 합니다.

아래에는 세례 대상자를 얻기까지 교회가 어떻게 해야 하는지에 대해 상세히 설명했습니다.

1) 복음전도와 말씀 선포에 힘써야 합니다

먼저, 복음전도와 말씀 선포에 힘써야 합니다.

부활하신 예수님은 "너희는 온 천하에 다니며 만민에게 복음을 전파하라"(막 16:15)고 말씀하셨습니다. 그리하여 믿는 사람에게는 세례를 베풀 것을 명하셨습니다(마 28:19; 막 16:16).

---

[75] 윌리엄 윌리몬, 『기억하라, 네가 누구인지를: 세례를 받는 모든 이에게』, 정다운 역 (서울: 비아, 2020), 125.

이 명령에 따라 예수 그리스도를 주라 고백하는 모든 성도는 믿지 않는 사람에게 복음을 전해야 합니다. 복음의 기쁜 소식을 널리 전파해야 합니다. 가까운 이웃에서부터 먼 나라에까지 복음을 전해야 합니다. 말로 전하고 행동으로 나타내야 합니다. 그리하여 이웃을 교회당으로 초청해야 합니다.

이렇게 초청된 이웃은 교회당에서 선포되는 말씀을 듣습니다. 말씀 사역자(목사, 강도사)는 교회당 안에 믿지 않는 사람이 언제든지 있음을 기억하며 복음의 기초와 핵심을 전하는 일에 힘씁니다. 적절한 주기(週期)로 전도 설교와 복음 설교에 힘씁니다. 또한 이웃의 전도나 개인적인 관심으로 교회당을 찾은 이들에게 초신자 교육, 그 밖의 기초 성경공부를 통해 복음과 성경을 배우게 합니다. 성경을 한 번 이상 읽게 하고, 소요리문답을 가르치고, 교회 생활과 관련한 여러 가지 교육을 합니다.

이 과정에는 다음의 내용을 반드시 전해야 합니다.

첫째, 죄인이라는 사실입니다. 온 인류의 시조인 아담과 하와가 범죄하였고, 그 죄로 인해 원죄를 갖고 있으며 원죄에 기초하여 모든 사람이 죄인이라는 사실을 전해야 합니다(롬 3:23). 원죄만 아니라 타락한 본성으로 인하여 끊임없이 범하는 수많은 죄로 인하여 죄인이라는 사실을 전해야 합니다. 죄인은 하나님과 함께 할 수 없으며, 하나님 나라를 볼 수 없다는 사실을 전해야 합니다.

둘째, 죄가 무엇인지입니다. 하나님의 말씀에서 벗어난 모든 것이 죄라는 사실을 전해야 합니다. 하나님께서 명하신 것을 하지 않는 것, 금하신 것을 하는 것이 죄라는 사실을 전해야 합니다.

셋째, 죄에 대한 하나님의 거룩함과 공의입니다. 거룩하신 하나님에 대하여 죄가 얼마나 불결한지를 전해야 합니다. 공의로우신 하나님에 대하여 죄는 마땅한 형벌을 받아야 함을 전해야 합니다. 이 사실로 인하여 자연인이 얼마나 비참한 존재인지를 전해야 합니다.

넷째, 죄의 결과입니다. 죄는 그냥 죄 자체로 끝나는 것이 아니라 그에 합당한 형벌이 뒤따르며, 죄의 삯은 사망이며(롬 6:23), 한 번 죽는 것은 사람에게 정한 일이요 그 후에는 심판이 있다는 사실(히 9:27)을 전해야 합니다. 하나님의 구원이 없으면 하나님의 진노를 받고, 참된 소망이 없다는 사실을 전해야 합니다.

다섯째, 이러한 죄인들을 위해 하나님께서 독생하신 아들 예수 그리스도를 보내셨다는 사실입니다(요 3:16).

여섯째, 예수 그리스도께서 이 세상에 오셔서 행하신 구원 사역, 특히 십자가의 죽음과 부활입니다. 예수님께서 우리의 구원을 위해 행하신 일들을 전해야 합니다.

일곱째, 예수 그리스도를 믿고 회개하라는 사실입니다.

여덟째, 복음 안에 약속된 구원입니다. 예수 그리스도를 믿고 자신의 죄를 회개하면, 의롭다 함을 얻고 죄 용서함을 받으며 영원한 생명을 약속받는다는 사실입니다.

이러한 복음 설교를 통해 죄인을 거듭나게 하시는 하나님의 역

사를 구해야 합니다.[76]

2) 중생과 회심의 증거를 확인해야 합니다

다음으로, 중생과 회심의 증거를 확인해야 합니다.

교회가 복음전도와 말씀 선포에 힘쓸 때 하나님께서는 은혜를 베푸십니다. 죄인을 거듭나게 하시고 회심케 하십니다.

믿지 않던 사람이 교회로 인도되어 복음을 듣고 어느 정도 시간이 지나면, 중생과 회심의 증거가 나타날 때까지 기다려야 합니다. 어떤 사람은 얼마 안 돼서 그런 일이 나타날 수 있지만, 어떤 사람은 10년을 다녀도 그런 일이 나타나지 않을 수 있습니다. 그렇기에 시간이 경과했다고 무조건 세례를 베풀려고 하기보다는 중생과 회심의 증거가 있는지를 확인해야 합니다. '교회 출석 1년'이라는 단서는 최소한 1년 이상을 의미하는 것으로 아무리 신앙이 좋아 보여도 적어도 1년은 지켜보라는 의미가 있습니다. 1년 만에 중생과 회심의 증거가 나타났다 하더라도 조금은 더 지켜보는 것이 좋습니다.

참고로, 1800~1830년대에 있었던 미국 제2차 대각성 운동 당시 불특정 청중이 한두 번의 설교를 듣고 죄를 고백하면 세례를 베푸는 관례가 생겨났습니다. 이후 미국의 국내 전도나 미국 선교사의 선교지에서 이런 쉬운 세례가 정착되고 파급되었습니다. 불특정 청중이라는 말은 이들의 이전 삶에 대한 파악이나 세례 이

---

[76] 거듭남에 있어 설교자의 역할에 대해서는 다음을 보십시오. 후크마, 『개혁주의 구원론』, 157-60; 손재익, 『설교, 어떻게 들을 것인가?』 (서울: 좋은씨앗, 2018), 69-79.

후의 신앙을 지도하고 권징하는 아무런 조치도 없이 모였다가 헤어지는 집회에 참석한 사람들이라는 뜻입니다. 이런 영향으로 한국교회도 세례를 가볍게 베푸는 분위기가 형성되었습니다.[77] 이러한 사실을 기억하면서 교회는 중생과 회심의 증거를 분명히 확인하도록 합니다.

이를 위해 교회의 지도자인 목사와 장로는 새로이 교회에 출석한 이들이 교회의 회원이 되기에 적합한지 분별할 수 있는 지혜가 필요합니다. 중생과 회심의 표지를 알아야 합니다. 다음의 내용은 회심 여부를 판가름할 수 있는 시금석들입니다.

회심의 표지

거듭나서 회심한 사람에게서 나타나는 특징은 아래와 같습니다. 이것을 회심의 표지(marks)라고 합니다.

1) **자신이 죄인이라는 사실을 깨닫습니다**(눅 5:8; 18:13; 행 2:37; 딤전 1:15). 회심은 회개를 일으키니 거듭난 자는 자신이 죄인이라는 사실과 그 죄의 구체성을 바르게 이해하고 그로 인해 슬퍼하고 근심합니다. 죄에 대한 깨달음의 깊이와 정도는 사람마다 차이가 있지만, 깨달음이 없는 거듭난 사람은 없습니다.

2) **죄를 짓지 않으려고 하는 성향이 생깁니다.** 요한일서 3장 9절 "하나님께로부터 난 자마다 죄를 짓지 아니하나니 이는 하나님의 씨가 그의 속에 거함이요 그도 범죄하지 못하는 것은 하나님께로부터 났음이라"와 요한일서 5장 18절 "하나님께로부

---

77 유해무, 『헌법해설: 웨스트민스터 신앙고백서, 대소교리문답서』 (서울: 총회출판국, 2015), 161-62.

터 난 자는 다 범죄하지 아니하는 줄을 우리가 아노라 하나님께로부터 나신 자가 그를 지키시매 악한 자가 그를 만지지도 못하느니라"에 따르면 거듭난 사람은 죄를 짓지 않습니다. 죄를 짓는 행위는 그 사람이 하나님에게서 나지 않았다는 증거요 확증입니다. 죄를 짓지 않는다는 것은 거듭났다는 증거요 확증입니다.

3) **죄를 계속해서 회개합니다.** 거듭나서 회심한 사람은 회심할 때 회개한 이후에 계속해서 회개합니다. 이미 회개한 것에 대해 회개하는 것이 아니라 거듭났음에도 불구하고 계속해서 범할 수밖에 없는 죄와 자신에게 있는 원죄를 끊임없이 회개합니다. 진정한 회심을 경험한 사람도 일시적으로 악의 유혹에 끌려 죄에 빠질 수도 있습니다. 하지만 거듭난 심령 속에 있는 새로운 생명의 원리가 계속해서 역사함으로 결국 통회하는 심정으로 다시 하나님께 돌아오게 됩니다.

4) **죄에 대한 인식의 넓이와 깊이가 달라집니다.** 거듭나기 전에는 죄라고 전혀 생각하지 않았던 것도 거듭난 후에는 죄라는 것을 알게 됩니다. 거듭나기 전에는 조금은 가볍게 생각하던 문제가 거듭난 후에는 더욱 가책을 느끼게 됩니다. 거듭나기 전에는 죄를 지어도 그다지 큰 가책이 없었지만, 거듭난 후에는 죄를 짓고 나면 뭔가 모를 불편함이 있습니다.

---

78 요한일서에 회심의 표지가 잘 나와 있습니다. 좀 더 자세한 내용을 알고 싶으신 분은 다음을 참고하십시오. 조나단 에드워즈의 『신앙감정론』, 『성령의 역사분별방법』, 『균형잡힌 부흥론』 (이상 부흥과개혁사), 가디너 스피링, 『나는 진짜 구원받았나?』 (서울: 생명의말씀사, 2016), 켄트 휠폿, 『진실로 회심했는가』 (서울: 규장, 2009), 폴 워셔, 『회심』 (서울: 생명의말씀사, 2013), 16-40; 『확신』 (서울: 생명의말씀사, 2014).

5) **죄를 미워하게 됩니다.** 거듭나고 회심하기 전에는 죄를 사랑했다면, 이제는 그 죄가 분노의 대상이 됩니다. 나아가 죄와 적대관계에 있게 됩니다. 죄는 더 이상 반갑지 않고, 가까이 하기 싫은 대적이 됩니다.

6) **예수님을 하나님의 아들, 그리스도, 주인, 구원자로 믿게 됩니다**(마 16:16; 눅 2:11; 9:20; 요 20:28, 31; 행 2:36; 20:21; 28:31; 고전 12:3; 빌 2:11). 요한일서 5:1은 "예수께서 그리스도이심을 믿는 자마다 하나님께로부터 난 자니 또한 낳으신 이를 사랑하는 자마다 그에게서 난 자를 사랑하느니라"고 말씀합니다. 거듭난 사람은 예수님이 그리스도이심을 믿습니다. 거듭난 사람은 예수 그리스도께서 행하신 십자가와 부활 사역을 역사적 사실로 믿습니다. 거듭난 사람은 그분의 사역이 곧 나를 위함이요, 나를 죽음에서 생명으로 건져줄 수 있는 능력이 있음을 믿습니다.

7) **성자 하나님만 아니라 성부와 성령 삼위일체 하나님을 믿습니다**(요 17:3). 거듭난 사람은 성자 예수님을 통해 성부 하나님께로 나아갑니다(요 14:6). 성령님께서 하나님이심을 믿습니다.

8) **삼위일체 하나님과 그분의 말씀을 더욱 알고 싶어 합니다**(엡 1:17; 3:17-19; 호 6:3). 거듭나기 전에는 하나님을 아는 지식에 무관심합니다. 거듭나면 하나님을 알고 싶어 합니다. 거듭나기 전에는 성경이 무슨 말을 하는지 도무지 이해하기 어렵지만, 거듭나고 나면 하나님의 말씀을 좀 더 잘 이해하게 됩니다. 거듭남 가운데 내주하신 성령 하나님께서 성경의 저자이시기

에 듣고 읽는 성경을 더 잘 이해하게 도우십니다. 그렇다고 에스겔서나 요한계시록 같은 어려운 책들도 쉽게 이해한다는 말은 아닙니다. 나아가 하나님의 말씀을 더욱 사모하게 됩니다. 듣고 싶고, 읽고 싶습니다. 하나님의 말씀을 듣고 읽는 것을 즐겨합니다. 설교를 즐겨 듣고, 성경을 기쁘게 읽습니다.

9) **하나님의 영적인 일에 대해 좀 더 잘 이해하고 깨닫게 됩니다.** 거듭나기 전에는 영적인 일과 진리에 대해 어둡고 무지했다면, 거듭나고 나면 하나님의 일을 이해할 수 있게 됩니다(고전 2:12, 14-16; 고후 4:4, 6; 골 3:10). 하나님의 뜻에 대해 영적으로 민감하게 되고, 하나님을 기쁘시게 하기 위해 자신의 삶의 스타일을 변화시킵니다. 거듭나고 회심하기 전에는 온통 세상에 관심 있었지만, 이제는 자신의 영혼을 생각하고 하나님의 이름과 나라와 영광을 생각합니다.

10) **세상적인 일에 흥미를 잃게 됩니다.** 거듭나기 전에는 세상 것이 즐거웠습니다. 세상 일이 기쁨을 주었습니다. 요한일서 2장 15-16절은 "15이 세상이나 세상에 있는 것들을 사랑하지 말라 누구든지 세상을 사랑하면 아버지의 사랑이 그 안에 있지 아니하니 16이는 세상에 있는 모든 것이 육신의 정욕과 안목의 정욕과 이생의 자랑이니 다 아버지께로부터 온 것이 아니요 세상으로부터 온 것이라"고 말씀합니다. 그러나 거듭나고 회심한 후에는 세상 즐거움을 버리게 됩니다. 세상의 길이 헛되고 무익하며 그 종국이 죽음과 멸망인 것을 잘 압니다. 세상 사람들의 인정과 칭찬을 기대하기보다 하나님의 칭찬을 바라봅니

다. 요한일서 5장 4절은 "무릇 하나님께로부터 난 자마다 세상을 이기느니라 세상을 이기는 승리는 이것이니 우리의 믿음이니라"고 말씀합니다.

11) **하나님을 사랑하게 됩니다.** 거듭나기 전에는 자기 자신을 사랑했습니다. 자기가 세상의 전부였습니다. 자기 자신의 정욕과 유익을 위해 살았습니다. 하지만 거듭난 후에는 하나님을 사랑하게 됩니다. 자기사랑으로 가득하던 불길이 사그라들고, 그 대신 영적이고도 신적인 불길이 타오릅니다. 자기 자신에게 모든 영광을 돌리고 자기 자신을 즐거워하던 사람이 하나님께 영광을 돌리고 하나님을 즐거워하며 하나님을 기쁘시게 합니다. 자신의 이름과 명성을 좇기보다는 하나님께 영광을 돌리는 삶을 살게 됩니다.

12) **예배드림을 기뻐합니다.** 거듭나기 전에는 예배가 싫습니다. 예배하러 가는 것이 싫고 귀찮습니다. 예배시간만 되면 불편합니다. 거듭나서 회심한 사람은 예배를 기뻐합니다. 예배드림을 억지로가 아니라 자발적으로 합니다. 비록 현란한 악기연주가 없고, 뜨거운 찬양 시간이 없어도 참된 회심자는 예배를 즐거워합니다. 예배를 받으시는 하나님께서 기뻐하실 일이라고 생각하기 때문입니다.

13) **기도하는 삶을 살게 됩니다.** 거듭나서 회심한 사람은 기도하는 사람입니다. 거듭난 사람은 기도를 등한히 하지 않습니다. 기도를 통해 하나님의 뜻을 묻고, 기도를 통해 자신을 돌아봅니다. 사도행전 9장 11절 "주께서 이르시되 일어나 직가라 하

는 거리로 가서 유다의 집에서 다소 사람 사울이라 하는 사람을 찾으라 그가 기도하는 중이니라"에 보면 회심한 직후의 사울(바울)은 기도하는 사람이었습니다. 살아 있는 사람이 숨을 쉬듯, 참으로 거듭나 회심한 사람은 기도합니다. 기도는 새로 태어난 영혼의 자연스러운 울음입니다.

14) 삼위일체 하나님께서 세우신 교회를 향한 사랑과 섬김의 열망이 있습니다. 거듭나서 회심한 사람은 교회를 사랑합니다. 그리스도의 몸된 교회를 섬기기를 기뻐합니다.

15) 함께 성도된 지체들과의 사귐에 힘쓰려는 마음이 있습니다. 거듭난 사람은 자기와 마찬가지로 거듭난 사람과 함께 교제하기를 즐겨합니다. 함께 말씀을 나누고, 구원의 기쁨, 장래의 소망을 나누고 누리기를 기뻐합니다(행 2:42-46). "우리는 형제를 사랑함으로 사망에서 옮겨 생명으로 들어간 줄을 알거니와 사랑하지 아니하는 자는 사망에 머물러 있느니라"(요일 3:14), "⁷사랑하는 자들아 우리가 서로 사랑하자 사랑은 하나님께 속한 것이니 사랑하는 자마다 하나님으로부터 나서 하나님을 알고 ⁸사랑하지 아니하는 자는 하나님을 알지 못하나니 이는 하나님은 사랑이심이라"(요일 4:7-8), "하나님이 우리를 사랑하시는 사랑을 우리가 알고 믿었노니 하나님은 사랑이시라 사랑 안에 거하는 자는 하나님 안에 거하고 하나님도 그의 안에 거하시느니라"(요일 4:16)에 의하면 하나님께로부터 난 사람은 함께 거듭난 사람과의 사귐에 힘씁니다. 만일 어떤 사람이 예배를 마치고 집에 바로 돌아가는 것을 즐겨한다면 그 사람

은 아직 회심하지 않았을 가능성이 있습니다. 다른 그리스도인과의 사귐을 꺼려하고, 성도 간의 교제의 필요성도 느끼지 못하고, 하나님께서 행하신 일들에 관하여 나누기를 기뻐하지 않는다면 아직 회심하지 않았을 가능성이 큽니다.

16) **죄로 인해 받을 하나님의 진노와 형벌의 무서움을 바르게 알고, 거듭남으로 인하여 얻게 된 구원과 그로 말미암아 누리게 될 영생에 대한 소망으로 위로를 누립니다.** 거듭나서 회심한 사람은 죄에 대해 진노하시는 하나님 앞에 두렵고 경외하는 마음을 갖습니다. 그러면서도 여호와를 향한 소망을 갖습니다(시 146:5; 렘 17:7; 살전 5:8; 벧전 1:3). 베드로전서 1장 3절은 "우리 주 예수 그리스도의 아버지 하나님을 찬송하리로다 그의 많으신 긍휼대로 예수 그리스도를 죽은 자 가운데서 부활하게 하심으로 말미암아 우리를 거듭나게 하사 산 소망이 있게 하시며"라고 말씀합니다.

17) **삶의 태도와 방향이 바뀝니다.** 거듭나기 전에는 무기력했고, 죄와 악을 좇아 살았지만 거듭나 회심한 이후에는 삶의 태도와 방향이 바뀝니다. 거듭난 결과 기질(혹은 성향, disposition)이 변하고, 새로운 삶의 습관이 형성됩니다. 하나님의 계명을 지키려고 합니다. 하나님께서 주신 율법의 말씀을 지키려는 의지가 강하게 작용하고, 지킬 수 있는 힘도 부여받습니다. 요한일서 2장 29절은 "너희가 그가 의로우신 줄을 알면 의를 행하는 자마다 그에게서 난 줄을 알리라"고 말씀합니다.

18) **마음이 열정적이고 생동감 있습니다.** 거듭나서 회심한 사

람은 믿음에 관계된 일에 대해 생각과 말과 감정에 큰 변화가 일어납니다. 은혜를 향한 갈망과 간절하고 진지한 기도, 회개와 돌이킴의 눈물이 있습니다. 조나단 에드워즈는 이를 신앙감정(religious affections)이라고 표현했습니다. 바울은 회심한 이후 교회의 유익과 번영에 대한 강한 열정에 사로잡혔습니다. 그 열정은 그의 마음속에서 계속 불타올랐고, 다른 사람들을 가르치고 권면하며 경고하고 경책할 때 위대한 힘의 근원이 되었습니다.

19) 성령의 사람이 됩니다. 거듭난 사람은 성령 안에 있으며 성령 안에서 살고(롬 8:9; 갈 5:25), 성령을 따라 행하며(롬 8:4), 성령의 일을 생각하며(롬 8:5), 성령 안에서 기도하고(롬 8:29), 성령 안에서 기뻐하며(롬 14:17), 성령의 법 아래 살고(롬 8:2), 성령의 인도를 받으며(롬 8:14; 갈 5:18), 성령을 통해 자신들의 양자 됨, 하나님의 사랑, 하나님과의 화평, 미래의 영광을 확신하게 됩니다.

지금까지 회심의 표지에 대해 말씀드렸습니다. 위에 열거된 표지들은 한 가지만 아니라 여러 가지가 조화롭고 유기적으로 드러날 때 진실된 증거가 됩니다. 때로는 한두 가지가 부족할 수는 있습니다. 때로는 한두 가지가 두드러질 수 있습니다. 그럼에도 불구하고 분명한 것은 위의 표지들이 있어야 참으로 거듭난 사람이라는 것입니다.

*손재익, 『나에게 거듭났냐고 묻는다면?』, 80-88에서 인용.

위와 같은 중생(거듭남)과 회심(믿음과 회개)의 증거가 분명하게 나타날 때 그 사람은 세례 대상자가 될 수 있습니다. 중생과 회심의 표지가 없는데도 너무 쉽게 세례를 베풀어 교회원으로 받아들이는 것은 교회의 거룩성을 잃게 만드는 위험한 일입니다.

혹시나 그리스도인으로서 적합하지 않은 직업을 갖고 있다면 그 직업을 버리도록 지도합니다. 고대교회에서는 세례를 받기 위해서는 직업에 대한 확인이 중요했습니다. 성경이 금지하고 있는 직업을 갖고 있지는 않은지를 확인한 것입니다. 창녀, 포주, 화폐 위조꾼 같은 윤리적인 문제를 가진 직업, 마법사, 마술사, 점성가, 부적을 만드는 사람, 우상 조각가 같은 우상이나 미신과 관련된 직업, 검투사, 투사 같은 잔혹한 직업 등을 가진 사람은 세례 대상자에서 제외되었습니다.[79] 오늘날에도 신자로서 적합하지 않은 직업이 있다면 직업을 바꾸도록 지도해야 합니다.

3) 세례 교육을 해야 합니다

중생과 회심의 증거가 나타난 사람이 있을 때 교회는 그 사람에게 세례 교육을 합니다. 교육을 통해 신앙 지식을 강화하고 점검한 뒤 당회 문답을 받게 합니다.

세례 교육은 그동안 교회를 통해 배운 내용을 복습하는 차원입니다. 이 교육을 통해 세례 대상자로 하여금 삼위일체 하나님에 대한 바른 지식과 믿음이 있어야 하고, 자신이 죄인이라는 사실에

---

[79] 이형우 역주, 『사도전승』 (칠곡: 분도출판사, 1992), 16장.

대한 분명한 자각과 예수 그리스도를 믿는 믿음이 분명해야 함을 가르쳐야 합니다. 또한 성경에 대한 기본적인 지식을 갖추도록 합니다. 궁극적으로는 그리스도를 믿고 주(主)라 시인하며 그분을 향한 순종을 실제로 고백하는 자들에게 세례를 베풀어야 합니다.

이 과정에서 분명한 교육이 필요합니다. 현대교회는 세례 교육을 단순화했습니다. 하지만 고대교회에서는 아주 엄격하게 시행했습니다. 기본적으로 3년간 교육을 했는데, 본인의 태도에 따라 줄어들거나 늘어났습니다.[80] 교회가 박해받는 상황이었기에 살아남기도 급급한 처지였지만 교회는 이교 환경에 맞서 신중하게 구별했습니다. 세례받기 원하는 이들은 모두 엄중한 심사를 받았습니다. 우상숭배자, 포주, 검투사, 점성술사, 마술사의 입교는 강하게 거부했습니다.[81] 교육 기간이 끝난 뒤 세례 대상자를 선발할 때는 교육 기간 동안 생활 전반에서 전향적인 발전이 있었는지를 심사했습니다.[82] 왜냐하면 교회의 구성원이 된다는 것은 과거의 삶에서 자신을 돌이키는 것, 삶의 방식, 사사로운 습관, 세상을 보는 관점에 이르기까지 모든 부분에서 신앙의 규칙을 따르는 것을 포함하기 때문입니다.[83]

한국교회 초기 선교사들도 이를 분명하게 했습니다. 급하게 세례를 주어 교회를 성장시키려고 하지 않았습니다. 참된 믿음과 회

---

80 곤잘레스, 『초대교회사』, 161.
81 윌리몬, 『기억하라, 네가 누구인지를』, 13-14.
82 『사도전승』, 20장.
83 윌리몬, 『기억하라, 네가 누구인지를』, 14-15.

개를 분명히 나타내는 자들을 세례 교인으로 세웠습니다. 초창기 선교사들은 네비우스(J. Navius, 1829-1893년) 선교사의 방법에 따라 원입인, 학습인, 입교인의 세 부류로 교인을 나누고, 세례 교인이 되기 위하여 엄격하고 까다로운 심사를 거치게 하였습니다. 원입인이 학습인이 될 때는 '죄를 아는 증거, 예배에 대한 열망, 그리스도를 영접했는지 여부, 신자의 삶 실천에 대한 결심'을 확인하였습니다. 학습인에게는 최소 6개월에서 길게는 2년에 걸친 교리 교육을 실시했습니다. 그런 다음 교회의 정회원으로 허입하는 세례 문답을 통해 '신실하고 생동감 있는 믿음이 있는지 여부', '삶 속에 성령의 역사와 그 증거들이 있는지 여부'를 확인했습니다. 로버트 스피어(R. E. Speer, 1867-1947년) 선교사의 기록에 따르면 '믿음의 동기, 죄에 대한 이해, 주일 성수 여부, 사죄의 확신 여부, 음주 및 조상제사 포기 여부' 등을 확인하고 세례를 베풀었습니다.

  이러한 역사의 교훈을 따라 세례 교육을 엄격하게 시행하는 것이 필요합니다. 비록 세례 교인의 숫자를 많이 늘리지 못하더라도 바르게 베푸는 것이 필요합니다. 세례 교인은 교회의 정식 교인이 되어서 예산과 결산을 위한 공동의회를 비롯해 직원 선출 등에 관여하기 때문에 신중하게 하는 것이 좋습니다. 또한 세례 교인은 범죄 하였을 때 교회의 질서에 따라 권징을 받아야 하기 때문에 이를 충분히 숙지시킨 뒤에 하는 것이 좋습니다.

  세례 교인 숫자는 교회의 각종 통계에 사용될 뿐만 아니라 총회

분담금, 총회 총대 숫자 등을 산정하는 기준이 된다는 사실도 기억해야 합니다.

4) 당회 문답을 통해 확인 후 세례를 베풀어야 합니다

세례 교육을 모두 마치면, 세례받기에 적절한지를 당회가 판단합니다. 이를 위해 문답(問答)의 과정을 거칩니다. 문답이란 문자 그대로 묻고 답하는 방식입니다. 문답은 어떤 절차를 통해 시행해야 하는지, 묻는 내용은 어떤 것이 좋은지에 대해서는 이후에 다루겠습니다.

3. 입교 대상자를 얻으려면 어떻게 해야 합니까?

1) 결혼을 격려하고 출산을 장려하여 유아세례 교인이 생겨나게 해야 합니다

말씀 사역자와 당회는 청년들이 젊을 때 결혼하도록 격려합니다.[84] 독신의 은사가 있는 것이 아님에도 불구하고 합당한 이유 없이 결혼을 지체하는 것, 자발적 독신(celibacy), 사회현상과 더불어 결혼을 아예 단념하는 것이 바람직하지 않다는 것을 가르쳐야 합니다(대요리문답 139문답).

---

84 손재익, "1인 1가구 시대, 그리스도인의 결혼과 가정," 『담임목사가 되기 전에 알아야 할 7가지』 (공저; 서울: 세움북스, 2016), 240-47.

젊은 부부들에게는 하나님께서 힘주실 때 생육하고 번성하도록 교육하고 출산을 장려합니다(창 1:28).[85] 출산하지 않는 문화, 출산하기 어려운 현실, 출산의 가치를 가볍게 여기는 이 시대의 담론들에 흔들리지 않도록 교육해야 합니다. 현실과 세속의 가치와 문화를 당당히 거슬러 하나님의 명령을 수행하도록 권면해야 합니다. 종교개혁자 마르틴 루터는 "결혼 생활에서 가장 중요한 것은 하나님께서 우리에게 자녀를 주신 것과 그 자녀들을 하나님을 섬기는 자로 키우게 하셨다는 점이다. 이 일을 행하는 것이야말로 이 땅에서 가장 고상하고 소중한 일이다"라고 말했습니다.[86]

하나님의 은혜로 그들이 임신 혹은 출산하였을 때, 유아세례를 위해 교육하고 출산 후 유아세례를 베풉니다.

2) 언약의 자녀를 주의 교훈과 훈계로 양육해야 합니다

유아세례는 그 자체만으로 효력을 지니는 것이 아닙니다. 언약의 당사자가 감당해야 할 책임이 있습니다. 이에 자녀의 부모와 교회는 아이가 자라서 자신의 입으로 신앙고백 할 때까지 교육해야 합니다.

교회는 유아의 부모들에게 교육의 1차 책임이 부모에게 있음을 가르칩니다(신 6:7; 엡 6:4). 하나님께서는 성도에게 주신 언약의 자녀를 그 부모가 양육하도록 맡기셨습니다. 신명기 6장 7절

---

[85] 유해무, 『헌법해설』, 223-24.
[86] 리랜드 라이큰, 『청교도-이 세상의 성자들』, 김성웅 역 (서울: 생명의말씀사, 1995), 165에서 재인용.

"네 자녀에게 부지런히 가르치며…"와 에베소서 6장 4절 "아비들아 너희 자녀를 노엽게 하지 말고 오직 주의 교훈과 훈계로 양육하라"에서 말씀하고 있는 것처럼 언약의 자녀에 대한 양육 책임은 부모에게 있습니다.

부모들은 자신의 자녀가 유아세례를 받을 때 "아이에 대한 하나님의 언약을 확신하고 자신의 구원을 위하여 진력하는 것과 마찬가지로 아이도 주 예수 그리스도의 속죄를 신뢰하므로 구원을 얻을 수 있다는 사실을 인정하면서 신앙적인 양육에 힘쓸 것"과 "아이를 하나님께 바치고, 겸손한 마음으로 하나님의 은혜를 의지하며 친히 경건의 본을 아이에게 보여주고 그를 위하여 기도하며 그와 함께 기도하고 거룩한 진리의 도를 가르치고 주의 교훈 가운데서 장성하는 일에 최선을 다하기로" 서약하였습니다. 그러므로 부모는 아이가 자라는 동안 그들이 언약의 자녀임을 늘 가르치고, 신앙교육에 힘써야 합니다.[87] 유아세례를 베푼 후에 제대로 된 교육이 뒤따르지 않는다면, 유아세례의 의미를 상실시키는 일이 됩니다.[88]

그러므로 부모는 친히 경건의 본을 아이에게 보여주고 어릴 때부터 말씀으로 가르치며 자녀를 위해 기도하며 자녀와 함께 기도하고 거룩한 진리의 도를 가르치고 주의 교훈 가운데서 장성하도록 최선을 다해야 합니다. 부모는 자녀를 양육함에 있어서 철저히

---

87 고재수, 『교의학의 이론과 실제』, 273.
88 이승구, 『하이델베르크 요리문답 강해 Ⅱ』, 172.

성경의 가르침에 따라야 합니다. 부모는 성경의 가르침을 따라 자녀를 훈계해야 합니다. 자녀에게 매를 대야 할 때는 대어야 합니다(잠 13:24; 19:18; 22:6, 15; 23:13-14, 23; 29:15-17). 부모가 자녀를 가르치는 것은 제5계명의 실천입니다.[89]

교회 역시 이 일에 힘써야 합니다. 언약의 자녀를 양육할 책임은 부모만 아니라 교회에도 있습니다. 왜냐하면 언약의 자녀는 부모에게 주실 뿐만 아니라 또한 동시에 교회에 주셨기 때문입니다. 교회는 언약 백성으로서 공동의 자녀에 대한 공동의 육아 책임이 있습니다.[90]

이때 1차적 주체가 '부모'라는 사실을 항상 염두에 두고 교회가 그 책임을 져야 합니다. 1차적 주체는 그 책임을 다하지 않으면서 2차적 주체만 책임을 지게 해서는 안됩니다. 다시 말하면, 주일학교는 부모를 대체하는 것이 아니라 보충하는 것입니다. 오늘날 한국교회의 상당수 부모들이 자녀의 신앙교육을 주일학교에만 맡기고 정작 자신들은 그 책임을 다하지 않는 것과 같은 우(愚)를 범해서는 안 됩니다.

교인들은 언약의 증인으로서 유아세례를 받은 아이의 부모가 세례 시에 서약한 대로 잘 이행하는지를 살피고 돌보고 권면해야 합니다. 자녀를 부모의 소유로 양육하는 것이 아니라 교회에 속

---

[89] 손재익, 『십계명, 언약의 10가지 말씀』 (서울: 디다스코, 2016), 140-41, 213-14.
[90] 고신 총회, 『헌법해설』, 제1부 제5장 제20조 제37문답.

한 성도로서, 교회의 자녀로서, 그 언약적 책임을 신실하게 이행하며 키우는지를 지켜봐야 합니다. 부모가 과연 부모로서의 도리와 역할을 잘하고 있는지를 살펴야 할 책임이 회중 전체에게 있습니다. 나아가 모든 회중은 언약의 자녀들에게 모범이 되어야 합니다.[91] 성인 교인들은 언약의 자녀들과 자주 대화하면서 그들을 바른 신앙으로 이끌어 주고, 신앙의 선배로서 모범이 되어야 합니다. 언약의 자녀들이 교회 안팎에서 복음에 위배되는 생각이나 행동을 할 때, 권면하고 말씀으로 교정해 주어야 합니다. 그렇게 함으로써 말씀을 통한 세대 간의 성숙한 교제가 이루어져야 합니다.

특별히 언약의 자녀를 양육할 책임이 '장로'에게 있음을 기억해야 합니다.[92] 고신 총회 교회헌법(2023년판) 정치 제6장 제66조 **'장로의 직무'** 6항에는 **"언약의 자녀들을 양육하는 일"**을 언급합니다.[93] 안타깝게도 다른 교단의 헌법에서는 이 직무를 잘 찾아보기 어렵습니다.[94] 다만, 합동 총회 헌법(2018년판) Ⅳ. 정치 제5장 제4조 '장로의 직무' 제3항에 "교우를 심방하되 특별히 병자와 조상자(遭喪者)를 위로하며 무식한 자와 **어린아이들을 가르치며** 간호할 것이니…"라고 해서 조금은 다른 표현으로 언급하고 있습니다.

---

91 고신 총회, 『헌법해설』, 제1부 제5장 제61문답; 이승구, 『하이델베르크 요리문답 강해 Ⅱ』, 173.
92 대한예수교장로회 (고신) 헌법(1992년판) 예배지침 제9장 제34조 제1항은 "한 가족이 함께 하나님의 집에 모여 예배하는 것이 마땅한 일이나 유년예배를 따로 드리게 되었을 경우 반드시 당회원이 출석하여 인도하여야 한다"라고 되어 있으니 이는 언약의 자녀를 가르치는 중요한 주체가 '장로'임을 보여줍니다.
93 이에 대한 자세한 설명으로 다음을 참고하십시오. 손재익, "장로의 역할 중 언약의 자녀를 양육하는 일이란," 『교회의 직분자가 알아야 할 7가지』 (공저; 서울: 세움북스, 2017), 37-43.
94 (합신측 헌법을 기초한) 박윤선 목사의 『헌법주석』(영음사)에도 언급되어 있지 않습니다.

지금은 사라졌지만, 조선예수교장로회 1922년판 헌법에서부터 고신의 경우 1982년판 헌법까지에 있었고, 지금도 호헌 총회 등의 헌법에는 그대로 남아 있는, 시찰회가 각 교회를 방문하여 질문하는 내용에는 이런 것이 나옵니다.

이러한 내용을 통해 언약의 자녀를 양육할 책임이 장로와 당회에 있음을 알 수 있습니다.

교회는 성경의 가르침을 따라 언약의 자녀를 다음 세대의 교회

당회에 대한 문답

3. 교회 청년들을 교육하며 그 행위를 살피십니까?
4. 유아 세례자를 특별히 권고하여 본분을 깨달아 시행하도록 인도하십니까?
5. 교회 유아들에게 웨스트민스터 소요리문답과 어린이문답과 본 교회의 신조를 가르치는 방침이 있습니까?
7. 본 지방 내에 있는 장년 주일학교와 유년 주일학교를 돌아보아 각기 발전하도록 하십니까?

를 상속해 나갈 성숙한 성도로 길러내는 것을 자녀 교육의 목표로 삼습니다. 이 일에 장로와 당회가 주도해야 합니다.

당회와 장로는 자녀 교육의 1차 주체인 부모들이 그 책임을 다 할 수 있도록 돕는 2차 책임 주체입니다. 2차 책임이란 1차 책임과 함께 동반되어야 합니다. 2차 책임자인 장로와 당회는 1차 책임자

인 부모로 하여금 자녀가 '공적 신앙고백'(입교)을 하기까지 여러 모로 도와야 합니다. 유아세례를 시행한 주체인 당회는 그들이 성찬에 참여하기까지 그 책임을 다해야 합니다.[95]

유아세례를 받은 자녀에게도 책임이 있습니다. 유아세례를 받은 아이들은 이후에 소년기와 청소년기를 거치면서 자신이 '언약의 자녀'이며, 성부, 성자, 성령의 이름으로 세례를 받았기 때문에 반드시 하나님께 책임을 져야 하는 자임을 수시로 깨달아야 합니다. 또한 부모와 교회로부터 성경과 교리를 철저히 배우고, 하나님을 경외하는 법과 예수 그리스도를 사랑하고 순종하는 법을 부지런히 배워야 합니다.

3) 중생과 회심의 증거를 확인해야 합니다

언약의 자녀가 어느 정도 장성하여 거듭남과 회심을 경험하고, 자기 스스로 신앙을 고백할 때가 되면 그들을 입교(공적 신앙고백)하도록 권합니다.

이때 주의할 것이 있습니다. 믿는 부모의 자녀로 태어나 어릴 때부터 교회생활을 한 언약의 자녀들은 급진적인 회심이 없는 경우가 많습니다.[96] 그러므로 그들에게 바울처럼 극적인 상황이 일어나지 않았다는 이유로 자신의 구원을 끊임없이 의심하게 만들어

---

95 고신 총회, 『헌법해설』, 제2부 제10장 제407문답; 대한예수교장로회 고신 총회, 『예전예식서』 (서울: 총회출판국, 2015), 54.
96 후크마, 『개혁주의 구원론』, 170; 웨인 그루뎀, 『조직신학(중)』, 노진준 역 (서울: 은성, 1997), 317.

서는 안됩니다.[97]

4) 입교 교육과 당회 문답을 한 뒤 입교식을 해야 합니다

입교 교육과 당회 문답은 세례의 그것과 동일합니다. 입교식은 물로 세례를 베푸는 일을 하지 않고 회중 앞에서 서약하게 한 뒤 공포함으로 마칩니다.

---

97 후크마, 『개혁주의 구원론』, 171; 리처드 V. 피스, 『신약이 말하는 회심: 바울과 열두 제자들의 회심』, 김태곤 역 (서울: 좋은씨앗, 2001), 18-19.

세례 · 입교 교육
해설서

2장
세례·입교 교육 해설서

세례·입교 교육 교재 해설

2장 내용은 본 해설서와 함께 발행된 「세례·입교 교육 교재」를 인도자가 가르치는 데 도움이 되도록 해설한 내용입니다.

1과 세례 및 입교란 무엇이며, 누가 받을 수 있습니까?

> **인도자 확인**
>
> 이 과는 세례 및 입교 교육을 본격적으로 시작하기 전, 세례와 입교가 무엇인지, 누가 받을 수 있는지, 자신이 받기에 적합한지를 다루고 있습니다. 이 과를 통해 세례 교육을 본격적으로 준비합니다.

기도	
찬송	찬송가 436장 나 이제 주님의 새 생명 얻은 몸
성경읽기	사도행전 8장 5-20절, 누가복음 23장 26-43절

> **인도자 확인**
>
> 교육 대상자가 모이면 출석 확인 후 기도로 시작합니다.
>
> 찬송은 구원받은 성도의 기쁨과 의미를 잘 다룬 가사가 있는 찬송을 선택합니다. 이를 통해 세례 교육 대상이 된 것에 대해 기쁨과 그 의미를 잘 누리도록 합니다.
>
> 성경 읽기 본문은 사도행전 8장 5-20절과 누가복음 23장 26-43절입니다.
>
> 사도행전 8장 5-20절은 마술사 시몬에 관한 내용으로, 세례를 함부로 받는 것이 바람직하지 않음을 보여주는 본문입니다.
>
> 누가복음 23장 26-43절은 예수님과 함께 십자가에 달린 한편 강

도가 신앙고백과 동시에 천국을 약속받은 내용으로, 세례가 구원의 필수적인 요소가 아님을 보여주는 본문입니다.

두 본문을 통해 세례 교육 대상자로 하여금 억지로 세례를 받지 않도록 환기시켜 주도록 합니다.

이외에도 세례에 대한 설명이 담긴 로마서 6장 3-4절 "³무릇 그리스도 예수와 합하여 세례를 받은 우리는 그의 죽으심과 합하여 세례를 받은 줄을 알지 못하느냐 ⁴그러므로 우리가 그의 죽으심과 합하여 세례를 받음으로 그와 함께 장사되었나니 이는 아버지의 영광으로 말미암아 그리스도를 죽은 자 가운데서 살리심과 같이 우리로 또한 새 생명 가운데서 행하게 하려 함이라", 갈라디아서 3장 27절 "누구든지 그리스도와 합하기 위하여 세례를 받은 자는 그리스도로 옷 입었느니라", 골로새서 2장 12절 "너희가 세례로 그리스도와 함께 장사되고 또 죽은 자들 가운데서 그를 일으키신 하나님의 역사를 믿음으로 말미암아 그 안에서 함께 일으키심을 받았느니라" 등의 구절을 읽어도 좋습니다. 이를 통해 세례의 의미를 설명할 수 있습니다.

마음열기

1. 예수님을 믿기 전과 후를 비교했을 때, 나의 삶에서 가장 크게 변화된 것은 무엇입니까?

2. 세례 교육에 임하시는 자세와 기분은 어떠하십니까?

중요 내용 익히기

1. 세례란 무엇입니까?

> **인도자 확인**
>
> 세례 교육을 시작하기에 앞서 세례가 무엇인지, 왜 받아야 하는지를 분명하게 가르쳐야 합니다. 교육이 다 끝나면 어떤 절차를 거쳐 세례를 받는지, 세례를 받기 전에는 어떤 준비를 해야 하는지, 세례를 받고 나면 어떻게 해야 하는지에 대해 교육하게 됩니다.

세례에는 다양한 의미가 있습니다. 아래의 8가지는 세례의 다양한 의미를 설명한 것입니다.

1) 세례는 기독교회의 **성례**입니다.

세례는 교회의 머리이신 예수 그리스도께서 친히 제정하신 **성례(聖禮, the sacraments)**, 즉 거룩한(聖) 규례(禮)입니다. 예수님은 교회를 세우는 일에 기초가 되었던 사도들에게 "[19]너희는 가서 모든 민족을 제자로 삼아 아버지와 아들과 성령의 이름으로 **세례를 베풀고** [20]내가 너희에게 분부한 모든 것을 가르쳐 지키게 하라"고 명령하셨습니다(마태복음 28:19-20). 이 명령에 따라 세례는 세상 끝 날까지 교회에서 시행되어야 합니다.

2) 세례는 하나님의 복음을 나타내고 인칩니다.

하나님께서는 예수 그리스도를 통해 우리의 죄를 용서해 주시고 구원해 주십니다. 이러한 사실을 가리켜 '복음'이라고 합니다. 세례는 이 사실을 우리에게 나타내고 인치는 예식입니다.

3) 세례는 우리의 구원을 나타내고 인칩니다.

세례는 삼위일체 하나님을 알지 못하던 죄인이 하나님의 은혜 언약에 따라 거듭나서 그리스도를 향한 믿음과 순종을 고백하고 죄 용서함을 받아 하나님의 자녀가 되었으며 영원한 생명을 보장 받았음을 나타내고 인칩니다. 그리스도와 함께 죽고 함께 살아남을 나타내고 인칩니다(로마서 6:3-5; 갈라디아서 3:27; 골로새서 2:12; 디도서 3:5-7). 그리스도로 말미암아 하나님께 헌신하여 새 생명 가운데 살게 됨을 나타내고 인칩니다.

4) 세례는 우리의 믿음을 강화시켜 줍니다.

세례는 우리의 믿음을 강화하고 증진시켜 주며 더욱 하나님께 순종하도록 만듭니다.

5) 세례는 교인이 된다는 표시입니다.

세례는 자신의 신앙을 고백하는 사람이 그리스도의 몸인 교회 공동체의 일원이 되는 엄숙한 입회식입니다(고린도전서 12:13; 갈라디아서 3:27-28).

6) 세례는 물로 베푸는 예식입니다.

세례는 물로 베푸는 것으로, 붓든지 뿌리든지 잠기게 하든지 하여 베풉니다.

7) 세례는 삼위일체 하나님의 이름으로 받습니다.

세례는 베풀어졌다고 해서 무조건 효력이 발생되는 것이 아니고, 누가 베풀었느냐에 따라 효력이 발생되는 것도 아니고, 집례자가 삼위일체 하나님의 이름으로 베풀면서(마태복음 28:19) 수세자가 믿음으로 참여할 때에 효력이 발생합니다.

8) 세례는 누구든지 일평생 한 번만 받습니다.

세례는 누구든지 일평생 한 번만 받아야 합니다. 그 이유는 한 번 받은 세례는 일평생 효력을 끼치기 때문입니다. 그리스도와 합하여 받는 세례에는 신자의 과거, 현재, 미래가 다 포함되어 있습니다.

웨스트민스터 소요리문답

94문 : 세례가 무엇입니까?
  답 : 세례는 물을 가지고 성부와 성자와 성령의 이름으로 씻는 성례인데(마 28:19), 우리가 그리스도에게 접붙여지는 것과 은혜 언약의 모든 혜택에 참여함과 우리가 주님의 것이 되기로 약속함을 표시하며 인치는 것입니다(롬 6:4; 갈 3:27).

> **95문 : 세례는 누구에게 베풉니까?**
> 답 : 세례는 보이는 교회 밖에 있는 자들에게는 베풀지 않으며, 그리스도를 믿는 믿음과 그분께 대한 순종을 고백할 때까지는 누구에게도 베풀 수 없으나(행 8:36-37; 2:38), 보이는 교회 회원들의 유아들에게는 세례를 베풉니다(행 2:38-39; 창 17:10; 골 2:11-12; 고전 7:14).

2. 입교란 무엇입니까?

입교는 다음과 같은 의미가 있습니다.

> **인도자 확인**
> 출생 후 유아세례를 받고 장성하여 입교를 받는 이들에게 입교가 무엇인지, 왜 받아야 하는지를 분명하게 가르쳐야 합니다. 대부분의 입교 대상자들은 입교가 무엇인지 잘 모르는 경우가 많으므로 더욱 자세히 설명해 주어야 합니다.

1) 입교는 유아세례를 받은 사람이 성장하여 자기 스스로 예수 그리스도를 구주로 고백하고 자신의 신앙을 공적으로 나타내는 일입니다.

2) 입교는 교인으로서의 권리와 의무를 갖게 됨을 나타내는 것입

니다.

입교 대상자는 유아세례를 받을 때 이미 교회의 회원이 되었습니다. 하지만, 성찬에 참여할 수 없었고, 공동의회에서 회원으로서의 권리와 의무를 행사할 수 없었습니다.

입교 이후에는 성찬 참여를 비롯하여 공동의회 회원권 등의 권리를 스스로 행사할 수 있고, 자신의 믿음과 생활에 대해 스스로 책임져야 합니다. 입교를 통해 여러분은 이 의무와 권리를 부여받게 됩니다.

3) 입교의 성경적 근거는 디모데전서 6장 12절 "믿음의 선한 싸움을 싸우라 영생을 취하라 이를 위하여 네가 부르심을 받았고 많은 증인 앞에서 선한 증언을 하였도다"입니다.

이 구절에서 '증언'은 다른 말로 하면 '신앙고백'(confession)입니다. 디모데는 어릴 때부터 외할머니 로이스와 어머니 유니게를 통해 믿음을 배웠습니다(디모데후서 1:5). 어려서부터 어머니로부터 성경을 배웠습니다(디모데후서 3:15). 이후에 성인이 되어 '많은 증인 앞에서', 즉 교회 앞에서 신앙고백(증언)을 한 것입니다. 이것이 입교(공적 신앙고백)의 근거입니다.

3. 세례 혹은 입교를 받기에 적합한지 자기 점검

인도자 확인

> 세례 혹은 입교교육을 시작하기 전에 세례를 받기에 최소한의 조건을 갖추고 있는지를 확인해야 합니다. 아래의 질문에 답하게 한 뒤, 세례 교육 담당자가 적절히 판단하여 교육을 계속할지 아니면 교육을 다음 기회로 미룰지 결정하도록 합니다. 교육을 다 마친 뒤 당회 문답에서 탈락하는 일을 최소화하기 위해 이 일은 필수적입니다.

여러분은 교육을 받은 후 세례 혹은 입교를 받게 됩니다. 본격적인 교육에 앞서 세례 혹은 입교를 받기에 적합한지 아래 항목을 읽고 스스로 점검해 보시기 바랍니다.

① 교회 출석하신 지 최소한 1년 이상 되셨습니까?
② 성경은 최소한 1번 이상 읽어 보셨습니까?
③ 하나님 앞에서 죄인이라는 사실을 믿으십니까?
④ 죄에서 구원받기 위한 유일한 방법인 예수 그리스도를 믿으십니까?
⑤ 예수 그리스도를 믿지 않으면 하나님의 진노와 형벌을 받아야 한다는 사실을 믿으십니까?
⑥ 예수 그리스도께서 십자가에 달려 죽으셨고 다시 살아나셨음을 믿으십니까?
⑦ 예수 그리스도를 당신의 주인으로 모시고 계십니까?
⑧ 구원의 확신이 있으십니까?

⑨ 1년 52주일 중 주일 예배에 몇 주일 정도 참석하십니까?
⑩ 그리스도인으로서 합당한 삶을 살기를 원하십니까?
⑪ 그리스도인으로서 적합하지 않은 직업을 갖고 있지는 않습니까?
⑫ 교회의 다스림에 복종하고 거룩과 화평을 위해 힘쓰기를 원하십니까?
⑬ 사도신경, 주기도문은 어느 정도 암송하십니까?

Q. 위 질문을 작성하신 결과, 자신이 세례 혹은 입교를 받기에 어떠하다고 생각하시나요?

위 질문 중에 조금은 부족하셔도 됩니다. 하지만, 상당 부분 미흡하시다면 조금 기다렸다가 세례 혹은 입교를 받으시기 바랍니다. 세례 혹은 입교를 늦추신다고 해서 구원에서 제외되는 것은 결코 아닙니다.

인도자 확인

매 과의 공부를 마치면 당회에서 묻게 될 예상 질문을 미리 익히도록 합니다. 외워야 할 것은 외우게 하고 설명이 필요한 것은 설명을 해 줍니다.

예상 질문 익히기

- **세례란 무엇입니까?**
  죄 씻음을 받는 표로서, 옛 사람은 죽고 하나님의 자녀로 새 사람이 되었음을 확증하는 것이며, 그리스도의 몸 된 교회의 지체가 되는 예식입니다.

- **세례는 무엇으로 행합니까?**
  물입니다.

- **자신이 세례를 받으시기에 적합하다고 생각하십니까?**
  (사실 그대로 답한다.)

- **입교란 무엇입니까?**
  입교는 유아세례를 받은 사람이 성장하여 자기 스스로 예수 그리스도를 구주로 고백하고 자신의 신앙을 공적으로 나타내는 일입니다.

- **입교인의 의무와 권리는 무엇입니까?**
  입교한 이후에는 성찬 참여를 비롯하여 공동의회 회원권 등의 권리를 스스로 행사할 수 있고, 자신의 믿음과 생활에 대해 스스로 책임져야 합니다.

2과 — 삼위일체 하나님

인도자 확인

이 과는 기독교 신앙의 핵심인 삼위일체에 대한 내용입니다. 세례 교인은 삼위일체 하나님을 믿고 삼위일체 하나님의 이름으로 세례를 받아 삼위일체 하나님께 예배하는 사람입니다. 이 과를 통해 삼위일체에 대한 기본적인 지식을 갖게 해 줍니다.

기도	
찬송	찬송가 2장 찬양 성부 성자 성령
성경읽기	마태복음 3장 13-17절

인도자 확인

교육 대상자가 모이면 출석 확인 후 기도로 시작합니다. 찬송은 삼위일체 하나님을 높이는 내용이 담긴 영광송(Gloria Patri)에 해당하는 찬송가 2, 3, 4, 7장을 선택해서 부릅니다. 이 찬송은 2세기부터 예배에 사용된 것으로 초대교회 그리스도인들이 하나님을 어떻게 믿고 고백하고 찬양했는지가 반영되어 있습니다.[98] 성경 읽기 본문은 하나님의 삼위일체 되심을 잘 보여주는 마태복음 3장 13-17절을 읽습니다.

[98] 배충현 지음, 대한예수교장로회 (통합) 총회국내선교부 편, 『세례자 교재』(인도자용) (서울: 한국장로교출판사, 2016), 32.

마음열기

1. 교회에 출석하기 전에 내가 알던 하나님은 어떤 분이십니까?
2. 지금 현재 내가 믿는 하나님은 어떤 분이십니까?

> 중요 내용 익히기

1. 삼위일체 하나님

> **인도자 확인**
>
> 기독교는 하나님을 믿습니다. '하나님'이라는 말은 '유일하신 분'이라는 뜻입니다. '하나님'이라는 이름은 다른 종교에서도 사용합니다. 유대교에서도 하나님을 믿는다고 말하며, 천주교에서도 '하나님' 혹은 '하느님' 혹은 '천주(天主)님'이라는 표현을 사용하며, 이슬람교에서도 '알라'(Allah)라는 표현을 사용합니다. 그러므로 세례 대상자로 하여금 기독교가 믿는 하나님이 다른 종교의 신과 전혀 다른 분이심을 분명히 가르쳐야 합니다. 기독교는 삼위일체 하나님을 믿습니다.

기독교회는 삼위일체 하나님을 믿습니다. 기독교회가 믿는 하나님은 본질상 한 분(一體, one)이지만, 성부, 성자, 성령의 삼위(三位, three persons)로 존재하십니다. 이를 한자어로 삼위일체(三位一體, Trinity)라고 합니다. 성경에 삼위일체라는 단어가 나오진 않지만, 성경 전체 속에 그 의미가 잘 담겨 있습니다.

1) 하나님은 본질상 한 분이십니다.

하나님은 본질상 한 분이십니다. (개역한글) 신명기 6장 4절은 "이스라엘아 들으라. 우리 하나님 여호와는 **오직 하나인 여호와**

시니"라고 해서 **하나님께서 한 분이심**을 강조합니다.[99] 십계명의 제1계명(출애굽기 20:3)은 "너는 나 외에는 다른 신을 네게 두지 말라"라고 해서, 하나님께서 한 분 하나님이라는 사실을 강조합니다. 이사야 45장 5절도 "나는 여호와라 **나 외에 다른 이가 없나니 나밖에 신이 없느니라**…"라고 말씀합니다. 장로교회의 신앙을 요약해 놓은 웨스트민스터 소요리문답도 하나님이 한 분뿐이심을 고백합니다.

> **웨스트민스터 소요리문답**
>
> **5문** : 하나님 한 분 외에 다른 하나님이 계십니까?
> 답 : 오직 한 분뿐이시니, 살아계시고 참되신 하나님이십니다 (신 6:4; 렘 10:10).

이처럼 하나님은 한 분이십니다.

2) 삼위 하나님

한 분이신 하나님은 삼위로 존재하십니다. 공부를 시작하실 때 읽으신 성경말씀에 잘 나타납니다. 마태복음 3장 13-17절은 예수님께서 세례를 받으실 때의 장면입니다. 이때 특별한 일이 일어났습니다. 다음은 마태복음 3장 16-17절입니다.

"[16]예수께서 세례를 받으시고 곧 물에서 올라오실새 하늘이 열

---

[99] 개역개정은 "이스라엘아 들으라. 우리 하나님 여호와는 오직 **유일한** 여호와이시니"라고 번역했습니다.

리고 **하나님의 성령**이 비둘기같이 내려 자기 위에 임하심을 보시더니 ¹⁷**하늘로부터 소리**가 있어 말씀하시되 이는 **내 사랑하는 아들**이요 내 기뻐하는 자라 하시니라"

하늘에서 **성령**께서 비둘기 모양으로 나타나셔서 **예수님** 위에 임하셨습니다. 하늘에서 **성부 하나님**의 음성이 들리기를 "이는 내 사랑하는 아들이요 내 기뻐하는 자라"라고 합니다. 이 장면을 통해 하나님께서 성부, 성자, 성령이라는 세 개의 위격(位格)으로 존재하신다는 사실이 드러납니다.

이 외에도 아래의 성경구절은 하나님이 성부(아버지), 성자(아들), 성령으로 존재하심을 가르쳐 줍니다.

마태복음 28장 19절 "그러므로 너희는 가서 모든 민족을 제자로 삼아 **아버지와 아들과 성령**의 이름으로 세례를 베풀고"
고린도후서 13장 13절 "**주 예수 그리스도**의 은혜와 **하나님**의 사랑과 **성령**의 교통하심이 너희 무리와 함께 있을지어다"
사도행전 2장 32-33절 "³²이 **예수를 하나님**이 살리신지라 우리가 다 이 일에 증인이로다 ³³**하나님**이 오른손으로 **예수**를 높이시매 그가 약속하신 **성령을 아버지**께 받아서 너희가 보고 듣는 이것을 부어 주셨느니라"

장로교회의 신앙을 요약해 놓은 웨스트민스터 소요리문답도 한

분 하나님께서 삼위로 존재하심을 고백합니다.

> **웨스트민스터 소요리문답**
>
> **5문**: 하나님의 신격(Godhead)에는 몇 위(位, persons)가 계십니까?
>
> 답: 하나님의 신격에는 성부, 성자, 성령의 삼위가 계시는데, 이 삼위는 한 하나님이시며, 본질이 같으시고, 능력과 영광은 동등하십니다(요일 5:7; 마 28:19).

3) 성부, 성자, 성령의 관계

성부 (聖父, God the Father) = 하나님 아버지
성자 (聖子, God the Son) = 하나님의 아들 예수 그리스도
성령 (聖靈, God the Holy Spirit) = 하나님과 그리스도의 영

성부 하나님은 예수님의 아버지이십니다(요한복음 5:37; 8:42; 16:28; 17:5, 24). 성자 하나님은 하나님의 아들이십니다(요한복음 20:31; 고린도전서 1:9; 갈라디아서 4:4; 골로새서 1:3). 성령 하나님은 성부와 성자의 영이십니다(요한복음 14:26; 15:26; 사도행전 2:33; 16:7; 로마서 8:9; 고린도전서 3:16; 6:11; 갈라디아서 4:6; 에베소서 4:30). 그래서 각각을 성부(아버지), 성자(아들), 성령이라고 부릅니다. '성'(聖)이라는 한자는 신성하고 존엄한 존재를 높여 부르는 표현입니다.

아버지, 아들, 영은 각각 구별되는 인격입니다. 그러면서 성부도

하나님, 성자도 하나님, 성령도 하나님입니다. 성자는 성부의 아들이지만 또한 동시에 하나님이십니다. 예수님은 "나와 아버지는 하나이니라"고 하셨습니다(요한복음 10:30). 성령은 성부와 성자의 영이지만 또한 동시에 하나님이십니다(사도행전 5:3-4). 그럼에도 아버지는 아들이 아니고, 아버지는 영이 아니고, 아들은 영이 아닙니다. 세 위격은 구별되는 존재입니다.

4) 사도신경에 나타난 삼위일체

삼위일체 신앙은 사도신경에 잘 나와 있습니다. 사도신경은 크게 세 부분으로 나뉘는데, 성부 하나님과 그분의 사역, 성자 예수님과 그분의 생애와 사역, 성령 하나님과 그분의 사역입니다. 사도신경의 구조는 삼위일체로 되어 있습니다.

사도신경에도 삼위일체(三位一體, Trinity)라는 말은 없습니다. 본문에는 없지만 구조를 통해 삼위일체 하나님을 고백합니다. 주일 예배 시간에 사도신경을 고백할 때 기독교인들은 삼위일체 하나님을 믿고 있음을 고백합니다.

5) 세례 교인과 삼위일체 신앙

삼위일체는 기독교 교리 가운데 가장 경이롭고 독특한 믿음입니다. 삼위일체 교리는 복음의 근간이자 기독교 진리의 기본입니다. 이 교리를 믿는 사람이 세례를 받을 수 있습니다. 세례 교인은 성경, 사도신경, 웨스트민스터 소요리문답의 가르침에 근거해서

"하나님은 한 분이시다(God is One). 한 분 하나님께서는 성부, 성자, 성령의 삼위(three persons)로 존재하신다. 이를 삼위일체(三位一體, Trinity) 하나님이라고 말한다"라고 믿고 고백합니다.

그렇기에 세례를 베풀 때 집례자인 목사는 "주 예수 그리스도를 믿는 OOO에게 내가 성부와 성자와 성령의 이름으로 세례를 주노라"라고 말하면서 세례를 베풉니다. 이렇게 삼위일체 하나님의 이름으로 세례를 받은 세례 교인은 매주일 교회당에 나와서 삼위일체 하나님께 예배를 드립니다. 예배를 마치고 세상으로 돌아가면 삼위일체 하나님께 영광을 돌리며 살아갑니다.

참고로, 유대교도 하나님을 믿는다고 말하며, 이슬람교도 '알라'(Allah)라는 표현으로 하나님을 믿는다고 합니다. 하지만, 유대교는 한 분 하나님을 믿지만 삼위 하나님을 믿지 않습니다. 이슬람교는 예수님의 존재를 믿지만 예수님을 하나님으로 믿지 않습니다.

여기서 잠깐

이슬람은 삼위일체 교리를 강하게 거부합니다. 이슬람교의 경전인 꾸란(Al-Quran)은 제4장 171절에서 "성경의 백성들아, 너희들의 믿음에 열광하지 말라. 하나님에 대해 진리 외에는 말하지 말라. 마리아의 아들 예수, 메시아는 하나님(알라)의 예언자(사도)이니 그분께서 마리아에게 그분의 말씀과 그분의 영혼을 보내셨다. 그러니 하나님(알라)과 그분의 예언자들(사도들)을 믿고, 삼위일체(Trinity)는 말하지 말라. 너희가 그친다면 너희에게 유익하리라. 하나님(알라)은 오직 한 분 하나님이시다"라고, 5장 17절에서 "하나님이 마리아의 아들 예수라 말하는 그들에게 저주가 있으리라"라고, 5장 19절에서 "하나님 그분은 마리아의 아들 메시아입니다 라고 말하는 자들은 불신자들이니…"라고, 5장 73절에서는 "하나님이 셋 중의 하나라 말하는 그들은 분명 불신자라 하나님 한 분 외에는 신이 없거늘"이라고 가르칩니다.

한 분이지만 삼위로 존재하신다는 삼위일체. 하나님의 이러한 존재 방식은 그 자체로 신비롭습니다. 사람의 이성과 논리로 이해하기 어렵습니다. 우리는 이성과 논리에 합당하기에 믿는 것이 아니라 성경이 가르치고 있고, 우리 안에 계신 성령님께서 가르치시기 때문에 믿습니다.

여기서 잠깐

우리 주변에는 기독교라는 이름으로 접근하면서 삼위일체를 부인하는 이단이 있습니다. 그들 대부분은 이렇게 말합니다. "성경에 삼위일체라는 말이 없다. 그러니 삼위일체는 성경적이지 않다" 여호와의 증인, 안상홍 증인회(하나님의 교회), 이만희의 신천지 등이 대표적이며, 그 외에 이런 주장을 하는 이들이 많이 있습니다.

이런 말에 현혹되지 말아야 합니다. "하나님은 한 분이시다. 그 한 분 하나님은 아버지, 아들, 성령으로 존재하신다"라는 성경의 가르침을 한자어로 번역한 것이 삼위일체(三位一體)입니다. 그러니 '삼위일체'라는 글자가 성경에 없는 것은 사실이지만, 삼위일체에 대한 가르침이 없는 것은 결코 아닙니다. 삼위일체 개념은 성경 곳곳에 아주 많습니다(마태복음 28:19; 고린도후서 13:13; 갈라디아서 4:4-6; 에베소서 4:4-6). 교회에서 사용하는 용어 중에는 성경에 없는 용어가 많습니다. 설교, 원죄, 성찬 등도 성경이 이 용어를 직접 언급하지 않지만, 삼위일체처럼 그 내용과 개념을 말씀하고 있습니다.

예상 질문 익히기

- 하나님은 몇 분이십니까? (소요리문답 5-6문)
  오직 한 분이시며 삼위로 계십니다.

- 삼위 하나님의 각 위격은 무엇입니까? (소요리문답 6문)
  성부, 성자, 성령

- 한 분 하나님이 삼위로 계신다는 것을 네 글자로 무엇이라고 합니까?
  삼위일체

3과 — 성부 하나님과 그 분의 창조

인도자 확인

이 과는 삼위일체 중 성부 하나님에 관한 내용을 다룹니다. 세례 교인이 될 사람으로 하여금 하나님이 누구신지 바르게 알고 그분을 높이도록 하기 위함입니다.

기도	
찬송	찬송가 64장 기뻐하며 경배하세
성경읽기	고린도전서 8장 6절

인도자 확인

교육 대상자가 모이면 출석 확인 후 기도로 시작합니다.
찬송은 하나님을 경배하는 찬송을 선택합니다. 찬송가 64장은 베토벤의 합창 교향곡의 일부를 음으로 사용하였기에 세례 대상자가 익숙하게 부를 수 있는 쉬운 곡입니다.
성경 읽기 본문은 고린도전서 8장 6절을 읽습니다.

마음열기

1. 하나님을 보신 적이 있습니까? 본 사람이 있을까요? 만약 본 적이 없다면 어떻게 믿을까요?

2. 이 세상에 있는 태양, 지구, 산, 바다, 강, 모래, 땅 등은 어떻게 존재하게 되었습니까?

> 중요 내용 익히기

1. 성부 하나님

1) 아버지이신 성부 하나님

성부 하나님은 예수 그리스도의 아버지이십니다. 예수님은 하나님을 아버지라고 부르셨습니다(마태복음 6:9; 11:25-26; 요한복음 5:17, 19, 37; 8:42; 16:28; 17:5, 24). 그래서 성부(聖父, God the Father)라고 합니다. 우리도 하나님을 '하나님 아버지'라고 부릅니다(마태복음 5:16, 45; 6:9; 7:11).

우리가 하나님을 아버지라고 부를 수 있게 된 것은 우리의 공로가 아닙니다. 전적으로 성자 하나님과 성령 하나님 덕분입니다. 하나님의 아들이신 예수님께서는 하나님을 "아버지"라고 부르셨고, 우리를 하나님의 자녀가 되게 하심으로(요한복음 1:12; 로마서 8:15; 에베소서 1:5), 하나님을 아버지라 부를 수 있게 하셨습니다(로마서 8:15; 갈라디아서 4:6).

2) 성부 하나님의 존재

하나님은 창조된 적도 없고, 한순간에 생긴 적도 없이 늘 존재하셨습니다. 처음부터 계신 분이십니다. 영원 전부터 계셨습니다. 그렇기에 성경은 하나님의 존재를 증명하기 위해 노력하지 않습니다. 하나님의 존재를 인정하며, 하나님의 하신 일을 보여줄 뿐입니다. 하나님의 존재는 설명이나 증명의 대상이 아니기 때문입니다. 하나님의 존재는 인간의 언어와 이성으로 설명이 불가능합니다. 하나님은 오직 자기 자신에 의해서만 증명될 수 있습니다. 우리는 믿음으로 하나님의 존재를 받아들일 뿐입니다.

3) 하나님의 속성들

하나님은 영이십니다. 지혜로우시고, 능력이 많으시며, 거룩하시고, 공의로우시며, 선하십니다. 무한하시며, 영원하시며, 불변하십니다.

영으로 존재하셔서(요한복음 4:24) 눈에 보이지 않으시는(디모데전서 6:16) 하나님은 하나님께 속한 특성으로만 설명 가능합니다. 그래서 장로교회의 신앙을 요약해 놓은 웨스트민스터 소요리문답은 하나님이 어떤 분이신지를 그분의 속성으로 설명합니다.

웨스트민스터 소요리문답

4문 : 하나님은 어떤 분이십니까?

> 답 : 하나님은 영이신데, 그분의 존재하심과 지혜와 능력과 거룩하심과 공의와 선하심과 진실하심이 무한하시며, 영원하시며, 불변하십니다.

4) 성부 하나님에 대한 우리의 믿음

우리는 성부 하나님의 존재를 믿습니다. 하나님께서 살아계신 참 신이심을 믿습니다. 그분은 스스로 존재하시는 분입니다. 영원 전부터 계신 분입니다. 우리의 몸과 영혼에 필요한 모든 것을 채워 주시는 분이시며, 눈물 골짜기 같은 세상에서 당하는 어떠한 악도 합력하여 선을 이루게 하시는 분이십니다.

2. 창조; 하나님께서 하신 일

1) 이 세상은 하나님의 창조물

하나님을 믿지 않는 사람은 우주와 사람이 우연히 생겨났다고 믿거나, 아메바나 원숭이 등에서 진화했다고 믿습니다. 하지만 성경은 하나님께서 창조하셨다고 가르칩니다. 성경을 펼치면 제일 먼저 나오는 구절인 창세기 1장 1절은 "태초에 하나님이 천지를 창조하시니라"라고 말씀합니다.

하나님은 천지(天地), 즉 하늘과 땅을 창조하셨습니다. 여기에서 말하는 하늘과 땅은 이 세상 만물을 뜻합니다. 또한 눈에 보이는 것과 보이지 않는 모든 것을 뜻합니다(골로새서 1:16). 하나님은 이 세상의 모든 것들을 창조하셨습니다.

2) 창조의 특징

하나님의 창조는 다음과 같은 특징이 있습니다.

(1) 무로부터의 창조

하나님은 아무것도 없는 데서 이 세상을 창조하셨습니다. 무(無)로부터의 창조(*creatio ex nihilo*)라고 합니다. 하나님은 어떤 소재를 가지고 창조하지 않으셨습니다. 하나님께서 창조하실 때에는 아무것도 없었고 오직 하나님만 계셨습니다. 무(無)라는 개념조차 없었습니다. 삼위 하나님 외에 이 세상에 존재하던 것은 아무것도 없었습니다. 하나님께서 창조를 시작하심으로 삼위 하나님 외에 다른 무엇이 존재하기 시작했습니다.

(2) 말씀을 통한 창조

하나님은 말씀으로 이 세상을 창조하셨습니다. 창세기 1장 3절부터 6, 9, 11, 14, 20, 24, 26, 29절을 보면 "하나님이 이르시되"라고 되어 있습니다. 시편 33편 6절은 "여호와의 말씀으로 하늘이 지음이 되었으며 그 만상을 그의 입 기운으로 이루었도다"라고 말씀합니다. 시편 33편 9절은 "그가 말씀하시매 이루어졌으며 명령하시매 견고히 섰도다"라고 말씀합니다.

(3) 선한 창조

하나님께서 창조하신 것들은 처음에는 선했습니다. 하나님은 악을 창조하신 일이 없습니다. 창세기 1장 4, 10, 12, 18, 21, 25, 31절에 나오는 "보시기에 좋았더라"는 표현에서 '좋다'는 말은 '좋다 싫다'(好不好)의 기호나 취향의 문제가 아니라 '선하다'는 뜻입니다. 디모데전서 4장 4절에서도 "하나님께서 지으신 모든 것이 선하매 감사함으로 받으면 버릴 것이 없나니"라고 말씀합니다.

하나님의 창조는 선한 창조입니다. 하나님은 악을 지으신 일이 없습니다. 하나님이 지으신 모든 것은 원래는 선한 것이었습니다.

> **웨스트민스터 소요리문답**
>
> 9문 : 창조의 사역은 무엇입니까?
> 답 : 창조의 사역은 하나님께서 아무것도 없는 데서 만물을, 그분의 능력의 말씀으로 6일 동안 모두 매우 선하게 만드신 것입니다(창 1장; 히 11:3).

3. 섭리; 창조하신 세상을 다스리시는 하나님

어떤 사람들은 하나님께서 세상을 창조하신 것은 믿지만, 그 하나님께서 이 세상의 역사에는 관여하지 않으신다고 생각합니다. 창조 사실과 창조자의 존재를 믿으면서도 "하나님께서는 이 세상을 창조하신 후에는 이 세상이 그 나름의 법칙에 따라 움직여 나가게끔 하신다"고 생각합니다. 이러한 사람들을 '이신론(理神論, deism)자'라고 합니다.

우리는 그렇게 믿지 않습니다. 하나님은 창조하신 뒤에도 당신이 만드신 피조물을 그대로 버려두지 않으십니다. 하나님께서는 존재만 허락하신 것이 아니라 피조물을 매순간 존재하도록 지탱해 주시고, 행동할 수 있게 하십니다. 만약 하나님이 단 1초라도 그 능력을 나타내지 않으신다면 이 세상의 모든 질서는 무너져 무(無)로 돌아가 버릴 것입니다. 이제까지 단 한 번도 그러한 일이 일어나지 않았다는 것은 하나님께서 당신이 지으신 만물을 여전히 다스리고 계시다는 증거입니다.

하나님의 이런 사역을 가리켜, 섭리(攝理, providence)라고 합니다. 섭리란 하나님께서 자신의 전능한 능력으로, 창조하신 것들에 대해 보존하고 다스리시는 일입니다. 하나님께서 자신이 창조하신 것들에 대해 여전히 그 주권을 행사하시는 일입니다. 하나님께서 하시는 섭리의 사역에 대해서는 웨스트민스터 소요리문답이 다음과 같이 잘 정리해 놓았습니다.

웨스트민스터 소요리문답

11문 : 하나님의 섭리의 사역은 무엇입니까?
답 : 하나님의 섭리의 사역은 그분의 모든 피조물과 그 모든 활동을 그분의 지극히 거룩함과(시 145:17) 지혜와(시 104:24; 사 28:29) 능력으로 보존하시며(히 1:3) 다스리시는 것입니다(시 103:19; 마 10:29-31).

기독교인은 섭리를 믿습니다. 그렇기에 이 세상에 일어나는 어떤 일도 우연이라고 생각하지 않습니다. 모든 일은 하나님의 섭리에 따라 일어납니다. 미물(微物)인 참새 한 마리도 하나님께서 허락하지 않으시면 땅에 떨어지지 않습니다. 하나님은 창조하실 때의 능력과 동일한 능력으로 이 세상과 역사에 관여하고 계십니다.

"참새 두 마리가 한 앗사리온에 팔리지 않느냐
그러나 너희 아버지께서 허락하지 아니하시면
그 하나도 땅에 떨어지지 아니하리라
너희에게는 머리털까지 다 세신 바 되었나니"
마태복음 10장 29-30절

예상 질문 익히기

- **하나님은 언제부터 계셨습니까?**
  영원 전부터 계셨습니다.

- **하나님은 어떤 분이십니까? (소요리문답 4문)**
  하나님은 영으로서, 존재와 지혜와 능력과 거룩과 공의와 선하심과 진실하심이 무한하시며 영원하시고 불변하십니다.

- **하나님은 태초에 무엇을 하셨습니까? (소요리문답 9문)**
  천지 만물을 창조하셨습니다.

- **하나님은 이 세상을 어떻게 창조하셨습니까? (소요리문답 9문)**
  아무것도 없는 데서 말씀으로 창조하셨습니다.

- **이 세상을 창조하신 하나님은 그 이후에는 아무 일도 안 하십니까? (소요리문답 11문)**
  아닙니다. 당신이 지으신 피조물과 그 모든 활동을 보존하시며 다스리십니다.

세례·입교 교육
해설서

4과 사람의 처음 상태와 타락 이후 상태

인도자 확인

이 과는 세례 서약의 첫 번째 질문인 "여러분(그대)은 자신이 하나님 앞에 죄인인 줄 알며 당연히 그분의 진노를 받아야 할 사람이지만 하나님의 크신 자비에 의하여 구원을 얻는 길 외에 소망이 없는 자인 것을 인정합니까?"를 제대로 이해하기 위해 반드시 숙지해야 합니다.

기도	
찬송	찬송가 274장 나 행한 것 죄뿐이니
성경읽기	창세기 1장 26-27절, 창세기 3장 1-21절, 로마서 5장 12절

인도자 확인

교육 대상자가 모이면 출석 확인 후 기도로 시작합니다.
찬송은 사람의 죄인 됨과 그 비참함을 잘 드러내는 찬송을 선택합니다. 찬송가 274장은 사람의 죄인 됨과 죄 씻음의 필요성을 잘 보여주는 찬송입니다. 성경 읽기 본문은 창세기 1장 26-27절, 창세기 3장 1-21절, 로마서 5장 12절을 읽습니다.

마음열기

1. 성선설(性善說), 성악설(性惡說)에 대해 아는 대로 말해 봅시다.

2. 이 세상에 죽지 않는 사람은 아무도 없습니다. 왜 그렇게 되었을까요?

> 중요 내용 익히기

1. 사람의 처음 상태 – 무죄 상태

1) 사람; 하나님께서 자기 형상으로 지으신 최고의 작품

하나님께서 처음 지으신 사람은 하나님의 형상과 모양대로 지어진 최고의 작품이었습니다(창세기 1:26-27). 태초에 하나님께서 천지만물을 창조하셨습니다(창세기 1:1). 빛, 어둠, 하늘, 땅, 해와 달, 물고기와 새, 짐승과 사람 등을 창조하셨고, 눈에 보이지 않는 것들도 창조하셨습니다. 창조자이신 하나님은 사람을 제일 마지막에 창조하셨습니다. 하나님께서 창조하신 모든 것들이 다 중요하지만, 그중에서 특히 '사람'은 매우 중요한 존재였습니다. 그래서 사람을 가리켜서 "하나님의 창조의 면류관"이라고 합니다.

하나님께서 사람을 창조하실 때 다음과 같이 말씀하시면서 창조하셨습니다.

창세기 1장 26-27절 "²⁶하나님이 이르시되 우리의 **형상**을 따라 우리의 **모양**대로 우리가 사람을 만들고 그들로 바다의 물고기와 하늘의 새와 가축과 온 땅과 땅에 기는 **모든 것을 다스리게 하자** 하시고 ²⁷하나님이 자기 형상 곧 **하나님의 형상대로 사람을 창조하시되** 남자와 여자를 창조하시고"

위 말씀에 나와 있듯이 사람은 하나님의 형상대로 창조되었습니다. 하나님의 형상대로라는 말은 하나님께 우리와 같은 눈, 코, 입이 있다는 말이 아닙니다. 하나님은 영이시니 그럴 수 없습니다. 사람이 하나님의 형상을 따라 창조되었다는 것은 그분의 성품이 사람에게 반영되었다는 의미입니다. 하나님이 원형(原型)이시고 사람은 하나님의 반영(反映)이라는 뜻입니다. 즉 사람은 하나님을 반영하는 존재로 창조되었습니다.

2) 지식, 의, 거룩함을 소유한 존재

'하나님의 형상대로'라는 말은 하나님의 형상을 반영하고 있다는 말입니다. 그렇다면 하나님의 어떤 점들을 반영하고 있었을까요?

'지식과 의와 거룩함'이라는 하나님의 속성이 사람에게 반영되어 있었습니다. 다음에 나오는 성경 구절이 그 사실을 잘 가르쳐 줍니다.

골로새서 3장 10절 "새 사람을 입었으니 이는 자기를 창조하신 이의 형상을 따라 지식에까지 새롭게 하심을 입은 자니라"

에베소서 4장 24절 "하나님을 따라 의와 진리의 거룩함으로 지으심을 받은 새 사람을 입으라"

사람은 하나님에게 있는 '지식, 의, 거룩함'을 반영한 존재로 창조되었습니다. 그래서 도덕적으로 책임을 질 수 있었고, 옳고 그름에 대한 내적 감각도 가지고 있었고, 거룩하고 의로운 행동을 할 수 있는 존재로 창조되었습니다. 하나님과 마찬가지로 전인격이 거룩한 사람이었습니다.

이 사실을 장로교회의 신앙을 요약해 둔 웨스트민스터 소요리문답 10문답도 다음과 같이 설명합니다.

> **웨스트민스터 소요리문답**
>
> 10문 : 하나님께서는 사람을 어떻게 창조하셨습니까?
> 답 : 하나님께서는 사람을 남자와 여자로 창조하시되, **자기 형상대로 지식**과 **의**와 **거룩함**이 있게 하사, 피조물을 다스리게 하셨습니다(창 1:26-28; 골 3:10; 엡 4:24).

3) 죄가 전혀 없는 상태, 죽지 않는 존재

하나님의 형상을 따라 지음 받아 하나님의 지식, 의, 거룩함을 반영하고 있던 사람은 죄가 전혀 없었습니다. 무죄(無罪) 상태(the estate of innocency)였습니다(웨스트민스터 신앙고백서 제9장 2절; 웨스트민스터 대요리문답 21, 92문답).

거룩하고 의로우며 죄가 없던 처음 사람은 하나님과 교제할 수 있었고 영원히 죽지 않는 상태였습니다(웨스트민스터 대요리문답 17문답).

2. 사람의 타락 이후 상태 – 죄와 비참함의 상태

1) 죄로 인해 타락함

하나님의 형상대로 지음 받아 거룩하고 의로우며 죄가 없던 첫 사람은 죄를 지었습니다. 하나님이 주신 자유를 함부로 사용하여 죄에 빠지고 말았습니다. 하나님께서는 사람을 지으신 뒤에 "선악을 알게 하는 나무의 열매는 먹지 말라"(창세기 2:17)고 하셨는데, 사람은 그 명령을 어기고 그 열매를 먹었습니다(창세기 3:6).

그래서 원래의 상태(지위)에서 떨어졌습니다. 원래의 상태가 높은 상태였다면 죄로 인하여 낮은 상태가 되었습니다. 이를 가리켜 타락(墮落, fall)했다고 말합니다. 높은 상태에서 낮은 상태로 떨어진 것입니다.

장로교회의 신앙을 요약해 둔 웨스트민스터 소요리문답 13문답이 다음과 같이 잘 정리하여 설명해 주고 있습니다.

> **웨스트민스터 소요리문답**
>
> 13문 : 우리의 첫 조상은 창조함을 받은 원래 상태 그대로 있었습니까?
> 답 : 우리의 첫 조상은 그들 자신의 의지의 자유를 따라 하나님께 범죄함으로, 창조함을 받은 원래 상태에서 타락했습니다(창 3:6-8, 13; 전 7:29).

2) 타락 이후 사람의 상태 – 죄와 비참함의 상태

타락으로 인해 모든 사람은 원래의 상태에서 낮은 상태로 떨어지게 되었습니다. 원래 상태는 무죄 상태였는데, 낮은 상태는 죄와 비참함의 상태(estate of sin and misery)입니다(웨스트민스터 대요리문답 23문답; 웨스트민스터 소요리문답 17문답). 이에 대해 웨스트민스터 소요리문답 17문답은 다음과 같이 설명합니다.

> **웨스트민스터 소요리문답**
>
> 17문 : 그 타락이 인류를 어떠한 상태에 이르게 했습니까?
> 답 : 그 타락은 인류를 **죄와 비참함의 상태**에 이르게 했습니다 (롬 5:12).

3) 죄와 비참함의 결과

죄와 비참함의 결과, 사람은 하나님의 형상을 잃어버렸습니다. 원래 갖고 있던 하나님의 형상의 요소인 '지식, 의, 거룩함'이 왜곡되었습니다. 도덕적 순결을 상실했고, 경건을 잃어버렸습니다. 또한 영원히 죽지 않는 존재가 아니라 반드시 죽어야만 하는 존재가 되었습니다(창세기 2:17; 히브리서 9:27). 로마서 6장 23절은 "죄의 삯은 사망이요…"라고 말씀합니다.

3. 모든 사람의 현재 상태

1) 모든 인류에게 미친 죄

첫 사람의 범죄는 모든 인류에게 영향을 미쳤습니다. 로마서 5장 12절은 "그러므로 한 사람으로 말미암아 죄가 세상에 들어오고 죄로 말미암아 사망이 들어왔나니 이와 같이 모든 사람이 죄를 지었으므로 사망이 모든 사람에게 이르렀느니라"라고 말씀합니다. 그렇기에 첫 사람만 아니라 모든 인류가 죄와 비참함의 상태에 있습니다. 이에 대해 웨스트민스터 소요리문답 16문답은 다음과 같이 설명합니다.

> **웨스트민스터 소요리문답**
>
> **16문 : 아담의 첫 범죄 안에서 모든 인류가 타락했습니까?**
> 답 : 아담과 더불어 언약을 세우신 것은 아담만을 위하여 하신 것이 아니요, 그의 후손까지도 위하여 하신 것이므로, 그로부터 보통 생육법으로 출생하는 모든 인류는 모두 그의 안에서 그의 첫 범죄에 참여하여 그와 함께 타락하였습니다 (창 2:16-17; 롬 5:12; 고전 15:21-22).

2) 전적 타락과 전적 부패

타락 이후 모든 인류는 죄의 본성을 갖게 되었고, 그 본성의 뿌리는 사람 전체를 지배하게 되었습니다. 이러한 사람의 상태를 "전적 타락"(total depravity) 혹은 "전적 부패"라고 합니다.

타락의 범위는 인간의 육체와 영혼의 모든 기능과 능력에 해당합니다. 지성, 감정, 소원, 마음, 목표, 동기, 육체 등 인간 존재의 모든 부분이 죄로 오염되었습니다. 그렇기에 타락한 인간은 더 이상 선을 행할 수 없습니다. 죄인인 사람은 그 안에 영적인 선이 없을 뿐 아니라 하나님을 기쁘시게 할 행동, 자신의 힘으로 하나님께 나아갈 수 있는 능력도 없습니다(로마서 8:8; 히브리서 11:6).

그렇다고 타락 이후에는 사람이 전혀 선을 행하지 않는다는 말은 아닙니다. 사람 안에 상대적인 선이 있지만 이 상대적인 선은 하나님의 완전한 의에 이르기에 부족합니다(로마서 3:20; 갈라디아서 2:16).

3) 죄의 정의와 종류

죄와 비참함의 상태에 있는 모든 사람은 끊임없이 죄를 범합니다. 죄란 하나님의 본성과 말씀을 어기거나 그에서 부족하거나 벗어난 모든 것입니다. 하나님의 뜻을 거스르고 거부하고 사는 불순종입니다. 하나님께서 하라고 하신 것을 하지 않고, 하지 말라고 하신 것을 하는 것입니다. 하나님을 하나님으로 인정하지 않고, 그분이 창조주이며 우리가 그분이 지으신 존재라는 사실을 인정하지 않는 것입니다.

죄는 크게 두 가지로 나눌 수 있습니다. 원죄(原罪, original sin)와 자범죄(自犯罪, actual sin)입니다. 원죄는 첫 사람 아담의 죄와 죄책이 모든 인류에게 미친 것이며(로마서 5:12), 자범죄는 그 원죄로 인해 나오는 모든 죄악이니 내가 실제로 범하는 죄입니다.

웨스트민스터 소요리문답

14문 : 죄가 무엇입니까?
  답 : 죄는 하나님의 율법을 순종함에 부족한 것이나 어기는 것입니다(요일 3:4).

18문 : 사람이 타락한 상태에서 죄는 무엇으로 이루어져 있습니까?
  답 : 사람이 타락한 상태에서 죄는 아담의 첫 범죄의 죄책과 근본적인 의가 없는 것과 본성 전체가 부패한 것인데 이것은 보통 원죄(原罪)라고 하며, 아울러 원죄로 인해 나오는 모든 자범죄(自犯罪)로 이루어져 있습니다(롬 5:12, 19; 5:10-20; 엡 2:1-3; 약 1:14-15; 마 15:19).

4) 죄의 결과

죄로 말미암아 하나님과 사람 사이에 큰 간격이 생겼습니다. 하나님과 사람 사이의 관계가 끊어졌습니다. 죄인 된 인간은 '하나님 앞에' 설 수 없게 되었습니다. 그분의 진노를 받아 마땅하게 되었고 죽음과 지옥의 형벌을 받게 되었습니다. 이 세상과 장차 오는 세상에서 영원한 형벌을 받게 되었습니다. 이 사실을 웨스트민스터 소요리문답 19문답은 다음과 같이 설명합니다.

웨스트민스터 소요리문답

19문 : 사람이 타락한 상태에서 비참한 것은 무엇입니까?
  답 : 모든 인류가 타락으로 말미암아 하나님과의 교제를 상실하

> 였고(창 3:8, 10, 24), 그분의 진노와 저주 아래 있게 되어(엡 2:2-3; 갈 3:10), 이 세상의 모든 비참함과 죽음과 영원한 지옥의 형벌을 받게 되었습니다(애 3:39; 롬 6:23; 마 25:41, 46).

죄와 비참함의 상태에 있는 모든 인류는 소망이 없습니다. 하나님의 크신 자비에 의하여 구원을 얻는 길 외에 소망이 없습니다. 그렇다면 그 소망이 무엇일까요? 다음 과에서 더 자세하게 다룰 것입니다.

예상 질문 익히기

- 하나님은 사람을 어떻게 창조하셨습니까?
  (소요리문답 10문)
  하나님의 형상을 따라 지식, 의, 거룩함으로 창조하셨습니다.

- 하나님께서 처음 사람을 창조하셨을 때는
  어떤 상태였습니까? (대요리문답 17문)
  무죄 상태였으니, 하나님과 교제할 수 있었고, 영원히 죽지 않을 수 있었습니다. 그러나 타락할 수 있는 존재였습니다.

- 아담의 첫 범죄는 무엇입니까?
  (소요리문답 15문)
  먹지 말라고 하신 선악을 알게 하는 나무의 열매를 먹은 것입니다.

- 첫 사람 아담의 타락으로 사람은 어떤 상태가 되었습니까?
  (소요리문답 17문)
  죄와 비참함의 상태에 이르렀습니다.

- 아담의 죄가 우리에게 전가된 것을 무슨 죄라고 합니까?
  (소요리문답 18문)
  원죄

예상 질문 익히기

- 원죄를 가진 우리가 스스로 짓는 죄를 무엇이라고 합니까? (소요리문답 18문)
  자범죄

- 죄란 무엇입니까? (소요리문답 14문)
  하나님의 본성과 말씀을 어기거나 그에서 부족하거나 벗어난 모든 것입니다.

- 원죄와 자범죄를 가진 우리 인간의 비참함은 무엇입니까? (소요리문답 19문)
  하나님의 영원한 진노 아래 있고, 죽음의 형벌을 받아야만 마땅한 상태가 되었습니다.

- 당신이 죄인이라는 사실을 믿으십니까?
  (사실 그대로 답한다.)

- 이 세상에 죄인이 아닌 사람이 있습니까?
  없습니다. 모든 사람은 죄인입니다.

5과   예수 그리스도는 누구십니까?

인도자 확인

이 과는 세례 서약의 두 번째 질문인 "여러분(그대)은 주 예수 그리스도가 하나님의 아드님이심과 죄인의 구주이심을 믿으며 복음에 말한 바와 같이 구원하실 이는 오직 예수 그리스도 한 분뿐인 줄 알아 그분을 영접하고 그분에게만 의지하기로 서약합니까?"를 제대로 이해하기 위해 반드시 숙지해야 합니다.

기도	
찬송	찬송가 96장 예수님은 누구신가
성경읽기	요한복음 3장 16절; 마태복음 16장 13-20절

인도자 확인

교육 대상자가 모이면 출석 확인 후 기도로 시작합니다.
찬송은 예수님이 누구신지를 가사 속에 담은 찬송가 96장이나 그 외 다른 찬송을 선택합니다. 성경 읽기 본문은 요한복음 3장 16절과 마태복음 16장 13-20절을 읽습니다.

마음열기

1. 타락으로 인해 죄와 비참함의 상태, 전적 부패의 상태에 있는 죄인은 왜 소망이 없습니까?

2. 영원한 생명을 얻기 위해 하나님께서 우리에게 보내 주신 분은 누구십니까?

중요 내용 익히기

　세례 혹은 입교를 받기 위해서는 내가 믿는 기독교의 핵심 대상이신 예수님을 알아야 합니다. 예수님이 누구신지 모르는 사람은 기독교인이라고 할 수 없습니다. 기독교(基督敎)의 기독(基督)은 기리사독(基利斯督)의 첫 글자와 마지막 글자를 딴 것인데, 헬라어 크리스토스(Χριστός)를 중국어로 번역할 때 발음에 따라 음역(音譯)한 것입니다. 기리사독은 현대 북경어 발음으로는 '지리쓰두'이지만, 옛 발음은 '기리스도'였습니다. 그러니 기독교란 그리스도교(크리스트교)라는 말입니다.

　기독교(基督敎)를 예수교라고도 합니다. 예수 그리스도이시기 때문입니다. 둘 다 같은 말입니다. 참고로, 해방 이전에는 기독교(基督敎)를 야소교(耶蘇敎)라고도 했습니다. 야소(耶蘇)는 '예수'라는 말을 음역한 것입니다.

1. 우리의 구원을 위해 하나님께서 보내신 독생하신 아들

　타락으로 인해 죄와 비참함의 상태, 전적 부패의 상태에 있는 죄인은 하나님의 크신 자비에 의해 구원을 얻는 길 외에 소망이 없습니다. 이러한 죄인을 위해 하나님께서는 구원의 길을 예비해 주셨습니다. 하나님의 형상을 회복하고, 잃어버린 의로움과 거룩함을 회복하며, 죽음에서 생명으로 옮겨질 수 있는 방법을 준비해 주셨습니다. 바로 구원자 예수 그리스도입니다. 하나님은 당신의 독생하신 아들 예수 그리스도를 이 땅에 보내 주셨습니다.

> "하나님이 세상을 이처럼 사랑하사 독생자를 주셨으니
> 이는 그를 믿는 자마다 멸망하지 않고 영생을 얻게 하려 하심이라"
> 요한복음 3장 16절

웨스트민스터 소요리문답

20문 : 하나님께서 모든 인류를 죄와 비참한 상태에서 멸망하도록 버려두셨습니까?
   답 : 하나님께서는 자기의 선하신 뜻대로, 어떤 자들을 영생하도록 영원부터 선택하셨고(엡 1:4), 은혜 언약을 세우사 구속자로 말미암아 그들을 죄와 비참한 상태에서 건져내어 구원의 상태에 이르도록 하셨습니다(롬 3:20-22; 갈 3:21-22).

21문 : 하나님께서 선택하신 자들의 구속자는 누구십니까?
   답 : 하나님께서 선택하신 자들의 유일한 구속자는 주 예수 그리스도이시니(딤전 2:5-6), 그분은 하나님의 영원

> 하신 아들로서 사람이 되셨으며(요 1:14; 갈 4:4) 그 후로 계속 하나의 위격에 구별되는 두 본성이 있어 하나님이시요 사람이시니, 영원토록 그러하십니다(롬 9:5; 눅 1:35; 골 2:9; 히 7:24-25).

2. 예수님은 누구십니까?

1) 예수님은 **하나님의 아들**이십니다.

마태복음 16장 13절 이하에 보면 예수님께서 제자들에게 "너희는 나를 누구라 하느냐?"라고 물으셨습니다. 이 질문에 베드로가 "주는 그리스도시요 살아계신 **하나님의 아들**이시니이다"라고 대답했습니다(마태복음 16:16). 마가복음은 그 시작을 "**하나님의 아들 예수 그리스도**의 복음의 시작이라"는 말씀으로 열고 있습니다(마가복음 1:1). 요한복음 20장 31절은 "오직 이것을 기록함은 너희로 **예수께서 하나님의 아들 그리스도**이심을 믿게 하려 함이요 또 너희로 믿고 그 이름을 힘입어 생명을 얻게 하려 함이니라"라고 말씀합니다. 이처럼 예수님은 하나님의 아들이십니다.

2) 예수님은 **그리스도**이십니다.

위에 나오는 마태복음 16장 16절, 마가복음 1장 1절, 요한복음 20장 31절에서 말하는 것처럼 예수님은 그리스도이십니다. '그리스도'는 예수님의 직분을 나타내는 표현입니다. 그리스도는 헬라어 크리스토스(χριστὸς)를 우리말에 맞게 번역한 말인데, 헬라어 크리스토스는 히브리어 '메시야'(Messiah)의 번역어입니다.[100]

히브리어 '메시야'는 '기름을 붓다'는 뜻을 가진 '마샤흐'의 명사형으로, "기름 부음을 받은 자"(the anointed one)라는 뜻입니다. 구약시대에 기름 붓는 행위는 선지자, 제사장, 왕의 직분을 성별하는 표였습니다. 직분을 나타내는 행위가 기름을 붓는 것이었습니다. 그러므로 "그리스도"는 성자 하나님이신 예수님께서 선지자, 제사장, 왕의 직분을 가지신 분임을 의미합니다.

웨스트민스터 대요리문답

42문 : 우리의 중보자는 왜 그리스도라고 불리셨습니까?
답 : 우리의 중보자가 그리스도라고 불리셨던 것은 **그분이 성령으로 한량없이 기름 부음을 받으셨기 때문이며** (요 3:34; 시 45:7), 그리하여 구별되셨고, 모든 권위와 능력을 충만히 부여받으셔서(요 6:27; 마 28:18-20), 그분의 낮아지심과 높이 되심의 두 상태 모두에서 그분의 교회의(빌 2:6-11) **선지자**(행 3:21-22; 눅 4:18, 21), **제사장**(히 5:5-7; 4:14-15), **왕**(시 2:6; 마 21:5; 사 9:6-7)**의 직분**을 수행하시기 때문입니다.

예수 그리스도는 선지자로서(요한복음 6:14; 4:25) 백성들에게

---

[100] 이 사실은 요한복음 1:41 "그가 먼저 자기의 형제 시몬을 찾아 말하되 우리가 메시야를 만났다 하고 **(메시야는 번역하면 그리스도라)**"와 요한복음 4:25 "여자가 이르되 **메시야 곧 그리스도**라 하는 이가 오실 줄을 내가 아노니 그가 오시면 모든 것을 우리에게 알려 주시리이다"에 잘 나타납니다.

찾아오셔서 죄를 책망하시고 형벌을 경고하시고 회개를 촉구하시며 장차 일어날 일을 선포하십니다(사도행전 3:22-26). 하나님의 뜻을 온전히 다 계시해 주십니다(히브리서 1:1-2).

예수 그리스도는 제사장으로서(히브리서 2:17; 7:24) 자기 백성의 죄를 위하여 자신의 몸과 생명을 성부 하나님 앞에 드리셨습니다. 이를 통해 자기 백성의 죄를 구속하셨으니, 하나님의 공의를 만족시키셨고 우리를 하나님과 화목케 하셨습니다. 이 땅에서 제사를 지내신 예수님은 하늘로 오르신 뒤에도 우리를 위해 성부 하나님께 계속해서 간구하고 기도하시므로 제사장의 역할을 감당하고 계십니다(로마서 8:34; 히브리서 7:25).

예수 그리스도는 왕으로서(마태복음 1장; 21:1-9) 교회를 다스리십니다. 말씀과 성령으로 교회를 다스리시고, 원수들에 대항하여 우리를 보존하시며 보호하십니다.

웨스트민스터 소요리문답

24문 : 그리스도께서는 선지자 직분을 어떻게 수행하십니까?
답 : 그리스도께서는 우리의 구원에 대한 하나님의 뜻을 그분의 말씀과 성령으로 우리에게 계시하심으로 선지자 직분을 수행하십니다(요 1:18; 벧전 1:10-12; 요 15:15; 20:31).

25문 : 그리스도께서는 제사장 직분을 어떻게 수행하십니까?
답 : 그리스도께서는 자기를 희생제물로 단번에 드려 하나님

의 공의를 만족시키시고(히 9:14, 28), 우리를 하나님과 화목하게 하시고(히 2:17), 또한 우리를 위하여 계속해서 중보기도하심으로(히 7:24-25) 제사장 직분을 수행하십니다.

26문 : 그리스도께서는 왕의 직분을 어떻게 수행하십니까?
답 : 그리스도께서는 우리를 자기에게 복종케 하시고(행 15:14-16), 우리를 다스리시며(사 33:22) 보호하시고(사 32:1-2), 자기와 우리의 모든 원수들을 막아 정복하심으로 왕의 직분을 수행하십니다(고전 15:25; 시 110편).

3) 예수님은 성령으로 말미암아 잉태되셨고 동정녀 마리아에게서 나셨습니다.

예수님은 죄악에 빠진 우리를 구원하시기 위해 사람의 몸을 입고 이 세상에 오셨습니다. 이때 성령으로 말미암아 잉태되셨고 동정녀 마리아의 몸에서 태어나셨습니다. 그렇기에 일반적인 사람과 동일하게 몸과 영혼을 갖고 계십니다(히브리서 2:17). 태어나셔서부터 죽으실 때까지 사람이 경험하는 모든 일을 동일하게 경험하셨습니다. 사람과 동일한 육체를 가지셨기에(누가복음 2:7, 40, 52; 24:39), 목이 마르기도 하셨고(요한복음 4:6; 19:28), 주리기도 하셨고(마태복음 4:2), 식사도 하셨고(마태복음 9:10-11; 26:7; 마가복음 2:16; 14:3; 누가복음 11:38) 피곤하기도 하셨고, 불쌍히 여기시고 긍휼히 여기셨으며 울기도 하셨습니다(요한복음 11:35;

12:27; 13:21).

단, 예수님은 죄는 없으십니다(히브리서 4:15; 요한일서 3:5). 이 사실을 웨스트민스터 소요리문답 22문답은 다음과 같이 설명합니다.

> **웨스트민스터 소요리문답**
>
> 22문 : 그리스도께서는 하나님의 아들로서 어떻게 사람이 되셨습니까?
> 답 : 하나님의 아들이신 그리스도께서 사람이 되신 것은 참 몸(히 2:14, 16; 10:5)과 지각 있는 영혼을 취하사(마 26:38), 성령의 능력으로 동정녀 마리아의 태에서 잉태되어 출생하심으로 된 것이니(눅 1:27, 31, 35, 42; 갈 4:4) 죄는 없으십니다(히 4:15; 7:26).

4) 예수님은 **참 하나님**이시며 **참 사람**이십니다.

예수님은 성령으로 잉태되신 것과 동정녀를 통해 출생하심으로서 두 본성을 가지셨습니다. 참 하나님(*vere deus*)과 참 사람(*vere homo*)이십니다.

예수님은 원래 신성(神性)만 갖고 계셨습니다. 그런데 성령을 통한 잉태와 동정녀의 몸에서 태어나심을 통해 인성(人性)을 취하셨습니다. 그 이후로 지금까지 하나의 위격(person)에 2개의 구별되는 본성인 신성(divine nature)과 인성(human nature)을 갖고 계십니다. 이 사실을 웨스트민스터 소요리문답 21문답은 다음과 같이 설명합니다.

> **웨스트민스터 소요리문답**
>
> **21문 : 하나님께서 선택하신 자들의 구속자는 누구이십니까?**
> 답 : 하나님께서 선택하신 자들의 유일한 구속자는 주 예수 그리스도이시니(딤전 2:5-6), 그분은 하나님의 영원하신 아들로서 사람이 되셨으며(요 1:14; 갈 4:4) 그 후로 계속 하나의 위격(one person)에 구별되는 두 본성(two distinct natures)이 있어 **하나님**이시요 **사람**이시니, 영원토록 그러하십니다(롬 9:5; 눅 1:35; 골 2:9; 히 7:24-25).

5) 예수님은 하나님과 사람 사이의 **유일한 중보자**이십니다.

중보(中保)라는 말은 두 사람 사이에서 일을 주선하는 사람이라는 뜻인데, 예수님은 하나님과 사람 사이를 연결해 주시는 분입니다. 예수님께서 하나님이시기만 하다면 사람의 중보자가 될 수 없습니다. 예수님께서 사람이시기만 하다면 사람을 하나님과 연결시킬 수 없습니다.

예수님은 하나님이시면서 또한 동시에 사람이셔서 하나님과 사람 사이를 연결시켜 주십니다. 하나님과 사람 사이의 중보자가 될 수 있는 유일한 분이십니다. 이 사실을 성경은 다음과 같이 말씀합니다.

디모데전서 2장 5절 "하나님은 한 분이시요 또 하나님과 사람 사이에 중보자도 한 분이시니 곧 사람이신 그리스도 예수라"

3. 예수님은 무슨 일을 하셨습니까?

1) 33년간 이 세상에서 사시는 동안 복음을 전하셨습니다.

사람으로 오신 예수님은 이 세상에 33년 동안 사시면서 복음을 전하셨습니다. 또한 자신이 하나님의 아들이심을 드러내시기 위해 수많은 이적을 행하셨습니다. 33년 중 30년의 기간을 사생애(私生涯)라고 합니다. 3년의 기간을 공생애(公生涯)라고 합니다.

2) 우리의 죄를 위해 고난 받으셨고 십자가에 못 박혀 죽으셨습니다.

예수님께서 하신 일들이 많지만, 가장 대표적인 것은 우리의 죄를 위해 고난 받으셨고 십자가에 못 박혀 죽으신 일입니다. 예수님은 아무 죄가 없으십니다. 그러나 우리를 대신해 고난과 죽임을 당하셨습니다.

예수님께서 행하신 이 일들은 우리를 위한 일입니다. 히브리서 2장 18절은 "그가 시험을 받아 고난을 당하셨은즉 시험 받는 자들을 능히 도우실 수 있느니라"라고 말씀하며, 히브리서 4장 15절은 "우리에게 있는 대제사장은 우리의 연약함을 동정하지 못하실 이가 아니요 모든 일에 우리와 똑같이 시험을 받으신 이로되 죄는 없으시니라"라고 말씀하며, 마태복음 20장 28절은 "인자가 온 것은 섬김을 받으려 함이 아니라 도리어 섬기려 하고 자기 목숨을 많은 사람의 대속물로 주려 함이니라"라고 말씀합니다.

무엇보다도 예수님은 우리를 대신하여 죽으셨습니다. 로마서 5

장 8절은 "우리가 아직 죄인 되었을 때에 그리스도께서 우리를 위하여 죽으심으로 하나님께서 우리에 대한 자기의 사랑을 확증하셨느니라"라고 말씀합니다.

> **웨스트민스터 소요리문답**
>
> **27문 : 그리스도의 낮아지심은 무엇으로 이루어져 있었습니까?**
> 답 : 그리스도의 낮아지심은 비천한 형편에 나셨고, 율법 아래 나셨고, 이 세상의 비참함과 하나님의 진노와 십자가의 저주의 죽음을 받으셨고, 장사되셨고, 얼마 동안 죽음의 권세 아래 계셨던 것으로 이루어져 있었습니다.

3) 십자가에 못 박혀 죽으신 지 삼 일째 되는 날에 다시 살아나셨습니다.

십자가에 못 박히셨고, 죽으셨고, 장사되셨던 예수님께서 더 이상 죽음에 머물러 계시지 않으시고 다시 살아나셨습니다. 다시 살아나셨다고 해서 부활(復活)이라고 합니다.

4) 다시 살아나신 뒤에 하늘로 올라가셨습니다.

죽으셨다가 다시 살아나신 예수님은 하늘로 올라가셨습니다. 이를 승천(昇天)이라고 합니다. 하늘로 오르신 뒤에는 하나님 아버지의 오른쪽에 앉으셨습니다. 좌정(坐定) 또는 재위(在位)라고 합니다.

5) 다시 오셔서 세상을 심판하실 것입니다.

지금 현재 하나님의 오른쪽에 앉아 계신 예수님은 장차 이 세상에 다시 오실 것입니다. 이를 재림(再臨)이라고 합니다. 다시 오셔서 이 세상을 심판하실 것입니다. 이 일이 언제 있을지는 아무도 모릅니다.

> **웨스트민스터 소요리문답**
>
> **28문 :** 그리스도의 높이 되심은 무엇으로 이루어져 있습니까?
> **답 :** 그리스도의 높이 되심은 삼일 째에 죽은 사람들 가운데서 다시 살아나신 것과 하늘로 오르신 것과 하나님 아버지의 오른쪽에 앉으신 것과 마지막 날에 세상을 심판하러 오시는 것으로 이루어져 있습니다.

예수님의 생애와 사역은 이루 말할 수 없을 정도로 많습니다. 그래서 요한복음 21장 25절은 "예수께서 행하신 일이 이 외에도 많으니 만일 낱낱이 기록된다면 이 세상이라도 이 기록된 책을 두기에 부족할 줄 아노라"라고 말씀합니다.

예상 질문 익히기

- 예수님은 하나님과 어떤 관계이십니까?
  아버지와 아들(아드님)

- 예수님은 이 세상에 어떻게 태어나셨습니까?
  (소요리문답 22문)
  성령님으로 잉태되셔서 동정녀 마리아에게서 나셨습니다.

- 예수님의 두 본성은 무엇입니까?(소요리문답 21문)
  신성(참 하나님)과 인성(참 사람)

- 하나님과 사람 사이의 유일한 중보자는 누구십니까?
  (소요리문답 21문)
  예수 그리스도

- 예수님의 세 직분은 무엇입니까?(소요리문답 23문)
  선지자, 제사장, 왕

- 예수님께서 이 세상에 오셔서 하신 일 중
  아는 것을 말해 보십시오.
  복음을 전하셨고, 병든 자를 고치셨고, 이적을 행하셨습니다.

- 예수님은 어디에 달려 죽으셨습니까(돌아가셨습니까)?
  십자가

예상 질문 익히기

- 예수님은 왜 죽으셨습니까(돌아가셨습니까)?
  나의 죄를 용서하시고 구원하시기 위해서

- 죽으셨던 예수님은 삼 일째에 어떻게 되셨습니까?
  다시 살아나셨습니다. (부활하셨습니다.)

- 예수님의 부활이 실제로 일어난 역사적 사실임을 믿으십니까?
  네

- 부활하신 예수님은 지금 어디에 계십니까?
  하늘로 올라가셔서 전능하신 하나님 아버지의 오른쪽에 앉아계십니다.

- 예수님께서 언제 다시 오실지 우리가 알 수 있습니까?
  아무도 모릅니다. 오직 하나님만이 아십니다.

6과   예수 그리스도를 믿는다는 것은 무엇입니까?

인도자 확인

이 과는 세례 서약의 세 번째 질문인 "여러분(그대)은 지금 성령의 은혜만을 의지하고 그리스도를 따르는 자가 되어 모든 죄를 버리고 그분의 가르침과 모범을 따라서 살기로 서약합니까?"를 제대로 이해하기 위해 반드시 숙지해야 합니다.

기도	
찬송	찬송가 542장 구주 예수 의지함이
성경읽기	요한복음 1장 12절, 갈라디아서 2장 16절

인도자 확인

교육 대상자가 모이면 출석 확인 후 기도로 시작합니다.
찬송은 믿음의 본질을 다룬 찬송을 선택합니다. 찬송가 542장은 믿음이란 예수님을 의지하는 것임을 가르쳐 줍니다. 성경 읽기 본문은 믿음과 그 혜택을 다룬 요한복음 1장 12절; 갈라디아서 2장 16절을 읽습니다.

마음열기

1. 예수님께서 실제로 이 세상에 오셨고, 실제로 죽으셨고, 다시 살아나셨다는 사실을 믿으십니까?
2. 예수님을 믿는다는 말은 무슨 의미일까요?

중요 내용 익히기

1. 예수님을 믿어야만 합니다.

예수님께서 이 세상에서 하신 일 즉, 동정녀 탄생, 고난, 십자가, 죽으심, 부활, 하늘로 오르심 등이 나를 위한 일이 되려면, 예수님을 믿어야 합니다. 그분을 믿고, 그분이 하신 일을 믿고, 그분이 나의 주인이라는 사실을 믿고, 그분이 나의 구원자라는 사실을 믿어야 합니다.

2. 믿음이란 그분을 받아들이고 의지하며 신뢰하고 그분을 따라 사는 것입니다.

믿음은 다음과 같은 내용을 말합니다.

첫째, 지식입니다. 여기에서 말하는 지식은 어려운 학문적인 내용을 말하는 것이 아니라 예수님이 누구신지를 알아야 한다는 뜻입니다. 내가 무엇을 믿는지 알아야 합니다. 믿음은 앎을 포함합니다. 무엇을 믿는지 모르고 믿는 것은 믿음이 아니라 맹신(盲信),

즉 맹목적(盲目的) 믿음(implicit faith)입니다. 다음과 같은 사실을 알아야 합니다. ① 모든 사람은 죄인이다. ② 나 또한 죄인이다. ③ 죄로 인하여 하나님의 진노를 받을 수밖에 없다. ④ 죄는 나의 힘으로는 절대로 해결할 수 없다. ⑤ 십자가에서 죽으시고 부활하신 예수님이야말로 나의 죄를 해결해 주실 수 있는 유일한 구원자다. ⑥ 예수님께서는 나의 죄를 해결해 주시기 위해서 이 세상에 오셨고, 고난 받으셨고, 죽으셨고, 다시 살아나셨고, 하늘로 올라가셨다. ⑦ 이러한 예수님을 믿으면 나의 모든 죄가 해결된다.

둘째, 신뢰입니다. 내가 아는 것을 신뢰해야 합니다. 아는 것은 머리만 있으면 누구든지 할 수 있습니다. 귀와 눈을 통해서 듣고 읽어서 알 수 있습니다. 야고보서 2장 19절은 이렇게 말씀합니다. "네가 하나님은 한 분이신 줄을 믿느냐 잘 하는 도다 귀신들도 믿고 떠느니라" 하나님이 한 분이라는 지식(앎)은 귀신도 갖고 있는 것입니다. 그런데 귀신은 그 앎을 신뢰하지 않습니다. 그러므로 아는 것을 넘어서 그분을 의지하고 신뢰해야 합니다.

예수님을 알고 신뢰한다는 것을 다른 말로 "영접(迎接)한다"라고 말합니다(요한복음 1:12). 영접(迎接)이란 받아들인다는 뜻입니다. 예수님을 하나님의 아들로, 나를 위한 구원자로, 나의 주인으로 인정하고 받아들이는 것이 영접하는 것이며 예수님을 믿는 것입니다.

셋째, 믿음이란 예수 그리스도를 따르는 자가 되는 것입니다. 모든 죄를 버리고 그분의 가르침과 모범을 따라 사는 것입니다.

요약하면, 믿음이란 예수 그리스도를 나의 구원자와 주인으로 알고, 받아들이고, 나의 삶과 죽음, 나의 모든 것을 맡기고, 그분을 따라 사는 것입니다.

> **웨스트민스터 소요리문답**
>
> 86문 : 예수 그리스도를 믿는 믿음이란 무엇입니까?
> 답 : 예수 그리스도를 믿는 믿음이란 구원하는 은혜인데(히 10:39), 이로써 우리가 구원받기 위하여 복음에서 제시된 대로의 예수 그리스도를 영접하고 그분만을 의지하는 것입니다(요 1:12; 사 26:3-4; 빌 3:9; 갈 2:16).

3. 예수님을 믿으면 하나님의 자녀가 되고, 죄 용서함을 받고, 영원한 생명을 보장받습니다.

1) 예수님을 믿으면 하나님의 자녀가 됩니다.

요한복음 1장 12절은 "영접하는 자 곧 그 이름을 믿는 자들에게는 하나님의 자녀가 되는 권세를 주셨으니"라고 말씀합니다.

2) 예수님을 믿으면 죄 용서함을 받고, 의롭다 함을 얻습니다.

요한일서 1장 7절은 "…그 아들 예수의 피가 우리를 모든 죄에서 깨끗하게 하실 것이요"라고 말씀하며, 에베소서 1장 7절은 "우리는 그리스도 안에서 그의 은혜의 풍성함을 따라 그의 피로 말미암아 속량 곧 죄 사함을 받았느니라"라고 말씀합니다. 이 말씀대로 예수님을 믿으면 죄 용서함을 받습니다.

갈라디아서 2장 16절은 "사람이 의롭게 되는 것은 율법의 행위로 말미암음이 아니요 오직 예수 그리스도를 믿음으로 말미암는 줄 알므로 우리도 그리스도 예수를 믿나니 이는 우리가 율법의 행위로써가 아니고 그리스도를 믿음으로써 의롭다 함을 얻으려 함이라 율법의 행위로써는 의롭다 함을 얻을 육체가 없느니라"라고 말씀하며, 로마서 3장 28절은 "그러므로 사람이 의롭다 하심을 얻는 것은 율법의 행위에 있지 않고 믿음으로 되는 줄 우리가 인정하노라"라고 말씀합니다. 이 말씀대로 예수님을 믿으면 의롭다 함을 얻습니다.

웨스트민스터 소요리문답

33문 : 칭의(稱義)-의롭다 하심-란 무엇입니까?
답 : 칭의란 하나님께서 값없이 주시는 은혜의 행위로서, 그분이 우리의 모든 죄를 용서하시고(롬 3:24-25; 4:6-8), 그분이 보시기에 의로운 자로 우리를 받아 주시는 것입니다(고후 5:19, 21). 이것은 오직 그리스도의 의를 우리에게 돌려주시는 일이며(롬 5:17-19), 우리는 오직 믿음으로 그 의를 받게 되는 것입니다(갈 2:16; 빌 3:9).

3) 예수님을 믿으면 영원한 생명을 보장받습니다.

요한복음 11장 25-26절은 "[25]예수께서 이르시되 나는 부활이요 생명이니 나를 믿는 자는 죽어도 살겠고 [26]무릇 살아서 나를 믿는 자는 영원히 죽지 아니하리니 이것을 네가 믿느냐?"라고 말씀했습니다. 이 말씀대로 예수님을 믿으면 영원한 생명을 보장받습니다.

죄와 비참함의 상태에 있는 사람은 죄의 대가를 치러야 합니다. 완전하고 거룩하시며 공의로우신 하나님 앞에서 죄는 마땅히 벌을 받아야만 합니다. 죄의 대가는 형벌이며 형벌은 곧 죽음입니다. 죄는 그 대가를 치르지 않으면 해결될 수 없습니다. 하나님께서는 예수님을 이 땅에 보내주셨습니다. 예수님께서는 우리가 받아야 할 벌을 대신 받으셨습니다.

예수님을 믿으면 예수님께서 지키신 법이 마치 내가 지킨 것으로 간주되고, 예수님을 믿으면 예수님께서 당하신 형벌이 마치 내가 당한 형벌로 간주됩니다. 예수 그리스도를 믿으면 우리는 구원을 얻고 새 생명을 얻게 됩니다. 로마서 6장 23절은 "죄의 삯은 사망이요 하나님의 은사는 그리스도 예수 우리 주 안에 있는 영생이니라"라고 말씀하며, 요한복음 3장 16절은 "하나님이 세상을 이처럼 사랑하사 독생자를 주셨으니 이는 그를 믿는 자마다 멸망하지 않고 영생을 얻게 하려 하심이라"라고 말씀합니다.

웨스트민스터 소요리문답

84문 : 범한 죄마다 마땅히 받을 보응은 무엇입니까?
  답 : 범한 죄마다 마땅히 받을 보응은 이 세상과 오는 세상에서 하나님의 진노와 저주를 받는 것입니다(갈 3:10; 마 25:41).

웨스트민스터 대요리문답

29문 : 오는 세상에서 받는 죄의 형벌은 무엇입니까?

답 : 오는 세상에서 받는 죄의 형벌은 하나님의 위로하시는 임재로부터 영원히 분리되는 것과 영원한 지옥불에서 영혼과 몸이 끊임없이 받는 지극히 괴로운 고통입니다(살후 1:9; 막 9:43-44, 46, 48; 눅 16:24).

89문 : 심판 날에 악인들에게는 무슨 일이 일어날 것입니까?

답 : 심판 날에 악인들은 그리스도의 왼쪽에 세워질 것이고(마 25:33), 확실한 증거와 그들 자신의 양심의 충분한 확증에 근거하여(롬 2:15-16) 두려우면서도 공평한 정죄의 선고가 내려질 것입니다(마 25:41-43). 그리고는 은혜로우신 하나님의 임재와 그리스도와 그분의 성도들과 모든 그분의 거룩한 천사들과의 영광스러운 교제로부터 쫓겨나 지옥으로 던져져서 몸과 영혼 둘 다 마귀와 그의 천사들과 함께 말할 수 없는 고통의 형벌을 영원히 받을 것입니다(눅 16:26; 살후 1:8-9).

예상 질문 익히기

- 죄를 해결받기 위해서 우리는 어떻게 해야 합니까?
  예수님을 믿어야 합니다.

- 하나님을 믿으십니까?
  (사실 그대로 답한다.)

- 예수 그리스도를 믿으십니까?
  (사실 그대로 답한다.)

- 예수 그리스도가 당신의 주인이심을 믿으십니까?
  (사실 그대로 답한다.)

- 믿음이란 무엇입니까? (소요리문답 86문)
  예수님께서 나의 죄를 구원해 주시기 위해 죽으셨고 다시 살아나셨으며, 그분이 나의 주인이심을 믿고 의지하는 것입니다.

- 회개란 무엇입니까? (소요리문답 87문)
  자신의 죄를 깨닫고, 통회하고, 그 죄에서 돌아서는 것입니다.

예상 질문 익히기

- 자신이 하나님 앞에 죄인인 줄 알며 당연히 그분의 진노를 받아야 할 사람이지만 하나님의 크신 자비에 의하여 구원을 얻는 길 외에 소망이 없는 자인 것을 인정합니까?
  (사실 그대로 답한다.)

- 예수님을 믿는 것 외에 다른 방식으로는 구원에 이르는 길이 없음을 믿으십니까? (소요리문답 21문)
  (사실 그대로 답한다.)

- 예수님을 믿지 못하도록 누군가가 핍박하더라도 예수님을 부인하지 않고 믿겠습니까?
  (사실 그대로 답한다.)

- 죄와 비참함의 상태에 있던 사람이 예수님을 믿으면 어떤 상태가 됩니까? (대요리문답 30문)
  구원 혹은 은혜의 상태에 이르게 됩니다.

- 사도신경을 외워 보시기 바랍니다.
  (아는 대로 해 본다.)

- 주기도문을 외워 보시기 바랍니다.(소요리문답 99문)
  (아는 대로 해 본다.)

예상 질문 익히기

- 십계명을 외워 보시기 바랍니다. (소요리문답 41문)
  (아는 대로 해 본다.)

- 요한복음 3장 16절을 외워 보시기 바랍니다.
  하나님이 세상을 이처럼 사랑하사 독생자를 주셨으니 이는 그를 믿는 자마다 멸망하지 않고 영생을 얻게 하려 하심이라

7과   교회란 무엇이며, 교회생활은 어떻게 해야 합니까?

인도자 확인
이 과는 세례 서약의 네 번째 질문인 "여러분(그대)은 이제부터 교회의 관할과 치리에 복종하고 성결과 화평을 이루도록 노력하기로 서약합니까?"를 제대로 이해하기 위해 반드시 숙지해야 합니다.

기도	
찬송	찬송가 600장 교회의 참된 터는
성경읽기	마태복음 16장 18절; 에베소서 1장 23절

인도자 확인
교육 대상자가 모이면 출석 확인 후 기도로 시작합니다.
찬송은 교회의 본질을 잘 설명하고 있는 찬송가 600장이나 210장을 부릅니다. 성경 읽기 본문은 마태복음 16장 18절과 에베소서 1장 23절을 읽습니다. 이 구절들을 통해 교회를 세우기 원하셨던 예수님의 계획과 예수님께서 교회의 머리 되심을 가르칩니다.

마음열기

1. 예수님을 그리스도로, 구주로 영접한 이후, 혼자서 신앙생활을 하면 안될까요?
2. 교회란 무엇이라고 생각하십니까?

중요 내용 익히기

1. 교회는 삼위일체 하나님께서 친히 세우신 공동체입니다.

성자 예수님은 이 세상에 계실 때 "내 교회를 세우리니"라고 약속하셨습니다(마태복음 16:18). 부활하셔서 하늘로 올라가신 예수님은 이 땅에 성령 하나님을 보내주셨습니다. 성령님은 이 땅에 교회를 세우셨습니다(사도행전 2:38-41).

이후 거듭나고 회심하여서 예수 그리스도를 주라 고백한 사람들은 교회를 이루어서 사도들의 가르침을 받고 교제하며 성찬을 나누고 기도하기에 힘썼습니다(사도행전 2:42-47). 교회를 세우신 성령 하나님께서는 지금도 계속해서 교회를 불러 모으시고 보호하시고 인도하시고 가르치시고 다스리십니다.

교회는 삼위일체 하나님께서 친히 세우신 공동체입니다. 그리스도인은 삼위일체 하나님의 구원 사역으로 세워진 교회를 믿습니다.

이때 교회 건물과 교회를 구분해야 합니다. 교회당(敎會堂)이라고 하는 교회 건물은 교회 공동체가 예배, 교육, 기도 등으로 모이기 위한 건물 혹은 장소입니다. 교회는 하나님의 부르심을 받아 그리스도를 믿는 백성들의 공동체입니다. 교회는 건물이 아니며, 조직도 아니고, 동호회, 동창회, 향우회가 아닙니다.

2. 교회는 하나님의 백성, 그리스도의 몸, 성령님의 전(殿)입니다.

교회는 하나님의 백성이요(베드로전서 2:9-10), 그리스도의 몸이며(에베소서 1:23), 성령님의 전(殿)입니다(고린도전서 3:16).

교회는 하나님이 택하시고 부르신 언약 백성들의 모임입니다. 하나님은 당신의 백성들을 교회의 품 안으로 불러 모으십니다.

교회는 그리스도의 몸입니다(에베소서 1:23). 그리스도는 교회의 머리이십니다(골로새서 1:18). 교회는 예수 그리스도의 다스림을 따라 행하는 공동체입니다.

교회는 성령님의 거룩한 전입니다. 그렇기에 교회에 속한 성도는 이 땅에서 거룩한 삶을 살아야 합니다. 여전히 죄악 된 모습이 남아 있지만, 성령으로 거룩해져 가야 합니다.

> "¹⁶너희는 너희가 하나님의 성전인 것과
> 하나님의 성령이 너희 안에 계시는 것을 알지 못하느냐
> ¹⁷누구든지 하나님의 성전을 더럽히면
> 하나님이 그 사람을 멸하시리라
> 하나님의 성전은 거룩하니 너희도 그러하니라"
> 고린도전서 3장 16-17절

3. 교회는 성도의 어머니입니다.

"하나님을 아버지로 모신 자는 교회를 어머니로 여긴다" 고대 교회 교부 아우구스티누스(Augustinus, 354-430년)와 종교개혁자 칼뱅(John Calvin, 1509-1564년)이 한 말입니다.

예수 그리스도를 믿고 세례를 받은 그리스도인은 누구든지 삼위일체 하나님께서 세우신 공동체인 교회에 속합니다. 교회에 속하여서 교회를 통해 신앙 지도를 받습니다. 영적 보호를 받습니다. 그러므로 교회는 성도의 어머니입니다. 성도는 이 어머니 교회를 결코 떠날 수 없습니다.

4. 교회 생활은 어떻게 해야 합니까?

세례 교인은 교회에 속하여서 교회 생활을 잘해야 합니다. 교회 생활에는 예배, 교육, 교제, 전도, 선교, 봉사 등이 있습니다.

1) 예배

교회 생활 중 가장 중요한 것은 예배입니다. 교회 건물을 예배당이라고 합니다. 우리는 흔히 "교회 간다"는 말을 "예배드리러 간다"고 합니다. 이 사실은 교회 생활의 가장 중요한 부분이 예배임을 잘 보여줍니다.

교회는 예배 공동체입니다(출애굽기 3:12; 말라기 3:18; 요한계시록 7:15). 예수 그리스도의 공로로 구원받아 삼위일체 하나님을 믿는 자들이 함께 모여 삼위일체 하나님께 경배와 영광을 돌려드리는 공동체입니다. 예배가 있는 곳에 교회가 있으며, 교회는 예배를 통해 그 모습을 드러냅니다. 예배는 교회의 얼굴입니다.

예배에는 공예배인 주일 오전예배와 주일 오후(저녁)예배가 있으며, 그 밖의 교회적인 모임으로 수요기도회, 금요기도회, 새벽기도회 등이 있습니다. 세례 교인은 공예배에 빠짐없이 참석하며, 기타 모임에도 적극 참여하기 위해 힘써야 합니다

> **대한예수교 장로회(고신) 교회헌법(2023년판) 예배**
>
> **제1장 교회와 예배**
>
> 제1조 (교회)
> 교회란 예수 그리스도의 공로로 구원받은 그리스도인들이 모여 하나님 앞에 예배하는 공동체이다. 교회는 예수 그리스도의 몸으로서 성령의 역사로 말미암아 하나님의 말씀을 순수하고 정확하게 선포하고, 성례를 올바르게 시행하며 권징을 정당하게 집행하여 그 정통성을 유지하도록 해야 한다.

> **대한예수교 장로회(통합) 헌법(2023년판)**
> **제4편 예배와 예식**
>
> **제1장 교회와 예배**
> 1-1. 예배공동체로서의 교회
> 1-1-1. 교회는 예수 그리스도를 구세주로 영접한 하나님의 자녀들이 모이는 공동체이다. 이 교회는 성령님의 역사 아래서 예배와 선교, 교육, 봉사, 친교를 통하여 하나님을 영화롭게 하고 영원토록 그를 즐거워하는데 그 존재의 목적을 두어야 한다.
> 1-1-2. 교회의 모든 성도들은 하나님의 자녀로 선택되어 구원에 이르게 하신 성부 성자 성령 되신 하나님의 은총 앞에 경건한 응답으로써 영광과 찬양과 감사를 드려야 한다.
> 1-1-3. 교회는 주님의 몸으로서 성령님의 역사를 통하여 계속적으로 바르게 말씀이 선포되고 성례전이 집례 되어야 할 것이며 여기에 참예한 모든 성도들이 그리스도의 증인으로서 세상 속에 하나님의 뜻이 이루어지도록 해야 한다.
> 1-1-4. 교회는 이 사명을 감당하기 위하여 부름 받았음을 확인해야 한다. 그러나 이 소명은 교회공동체 구성원에게 각각 다른 분야를 섬기도록 하셨으며, 특히 목사에게는 예배를 인도하며 설교와 성례전의 집례를 통하여 하나님의 말씀과 은혜를 선포하는 특수한 임무가 부여되었다. 당회는 모든 회중들을 대표하여 예배의 준비와 질서를 맡아 수행해야 한다.

예배는 일요일에 드립니다. 일요일을 기독교에서는 주일(主日)이라고 하는데, '주님의 날'이라는 뜻입니다(요한계시록 1:10). 예수 그리스도께서 십자가에서 죽으신 지 삼 일째에 다시 살아나셨는데, 그날이 바로 일요일이었습니다.

주일은 예배를 드리는 날이기에 하나님께 온전히 드려야 하며, 거룩하게 지켜야 합니다. 주일 성수(聖守)라고 합니다.

> **대한예수교 장로회(고신) 교회헌법(2023년판) 예배**
>
> **제2장 주일성수**
> 제3조 (주일 성수의 의무)
> 　주일성수는 성도의 당연한 의무이다. 이날은 성경의 교훈에 따라 거룩히 지켜야 한다. 주일은 예배와 안식에 방해되는 개인의 유익을 추구하는 행위를 금하며, 세상 염려와 세속적 행위 혹은 쾌락적 행동을 삼가야 한다.
> 제4조 (주일 공동회집)
> 　모든 성도는 주일에 공예배로 모여야 한다. 그리스도로부터 예배를 관장할 직무를 부여받은 당회는 공예배에 관하여 성실히 성도를 지도해야 한다.
> 제5조 (주일 준비)
> 　주일은 거룩히 지켜야 하며 사전에 성실하고 경건한 마음으로 충분히 준비하여 공예배에 하나님과 교제하도록 해야 한다. 일상생활에 필요한 것들을 미리 준비하여 공예배와 주일을 거룩히 지키는 일에 일체의 거리낌이 없도록 해야 한다.
> 제6조 (주일에 행할 일)
> 　주일에는 반드시 공예배에 참석하고, 성경연구, 묵상, 기도, 찬송이나 기타 전도와 구제 등선한 일을 통하여 하나님께 영광을 돌리고 성도의 교제를 힘써야 한다.

대한예수교장로회 (합동) 헌법(2018년판) 예배모범

제1장 주일을 거룩히 지킬 것

1. 주일을 성수하는 것은 사람의 당연한 의무이니 미리 육신의 모든 사업을 정돈하고 속히 준비하여 성경에 가르친 대로 그날을 거룩히 지킴에 구애가 없게 하라.

2. 이날은 주일인즉 종일토록 거룩히 지킬지니 공동 회집으로 나 개인적으로 선행하는 일에 씀이 옳으며 종일토록 거룩히 안식하고 위급한 일 밖에 모든 사무와 육신적 쾌락의 일을 폐할지 니 세상 염려와 속된 말도 금함이 옳다.

3. 이날에는 가족이나 권속으로 공동 예배하는 일과 주일을 거룩히 함에 지장이 되지 않도록 함이 옳다.

4. 주일 아침에는 개인으로나 혹 권속으로 자기와 다른 사람을 위하여 기도하되 특히 저희 목사가 그 봉직하는 가운데서 복 받기를 위하여 기도하고 성경을 연구하며 묵상함으로 공동 예배에 하나님과 교통하는 것을 준비하라.

5. 개회 때부터 일심 단합함으로 예배 전부에 참여하기 위하여 정한 시간에 일제히 회집함이 옳고 마지막 축복 기도할 때까지 특별한 연고 없이는 출입함이 옳지 않다.

6. 이와 같이 엄숙한 태도로 공식 예배를 마친 후에는 이날 남은 시간은 기도하며 영적 수양서를 읽되 특별히 성경을 공부하며 묵상하며 성경 문답을 교수하며 종교상 담화하며 시편과 찬송과 신령한 노래를 부를 것이요 병자를 방문하며 가난한 자를 구제하며 무식한 자를 가르치며 불신자에게 전도하며 경건하고 사랑하며 은혜로운 일을 행함이 옳다.

> 7. 주일 예배
> (1) 종용히 묵도로 예배를 시작하며 단정하고 경건한 태도로 엄숙히 예배하여야 한다.
> (2) 이상한 동작과 경건하지 못한 태도로 찬송이나 찬양을 인도하여 예배의 신성함을 손상하지 말아야 한다.
> (3) 주일예배 시간에는 예배와 성례 외에 다른 예식은 다른 날에 행하되 가급적 간단히 행함이 옳다.
> (4) 주일예배 시간에 어떤 개인을 기념, 축하, 위안, 치하하는 예배를 행하지 말고 온전히 하나님께만 예배하여야 한다.
> (5) 예배당 구내에 개인을 위하여 송덕비나 공로 기념비나 동상 같은 것을 세우지 않는다.

2) 교육

교회는 배우는 곳입니다. 교회를 한자어로 교회(敎會)라고 하는데, 가르치는 모임이라는 뜻입니다. 세례 교인은 계속해서 배움에 힘써야 합니다. 교회가 개설하는 각종 성경공부 프로그램과 훈련 프로그램에 참여해야 합니다. 단, 교회가 허락하지 않는 곳에 가서 성경공부를 하는 것은 조심해야 합니다. 이단과 사이비에 빠질 수 있습니다.

3) 성도의 교제

교회는 그리스도를 머리로 한 몸입니다(에베소서 1:22-23). 교회는 한 몸의 지체된 그리스도인의 공동체입니다(에베소서 4:4-16). 하나님은 우리를 개인으로 부르시지 않고 공동체로 불러주셨습니다. 그리스도인은 주님 안에서 하나입니다(갈라디아서 3:27-28). 그리스도인은 함께 지어져 가는 거룩한 교회입니다(에베소서 2:20-22).

그러므로 세례 교인은 다른 교인들과 교제를 나눠야 합니다. 기독교 신앙을 잘 요약해 둔 사도신경은 '성도의 교제'를 믿는다고 고백합니다.

성도의 교제란 한마음과 한뜻이 되어(사도행전 2:46; 4:32; 고린도전서 1:10; 빌립보서 2:2), 한목소리로 한 분 하나님을 경배하며(로마서 15:6), 한 말씀을 듣고, 한 찬송을 부르고(에베소서 5:19; 로마서 15:6), 성찬식을 통해 하나의 빵과 하나의 잔을 나누어 마시며(누가복음 22:17; 고린도전서 10:17), 서로 문안하고(로마서 16:16; 고린도전서 16:20; 고린도후서 13:11; 베드로전서 5:14), 돌아보고(고린도전서 12:25; 히브리서 10:24), 살피고, 서로의 삶을 나누고, 말씀으로 서로 권면하고(골로새서 3:16; 데살로니가전서 5:11; 히브리서 3:13; 10:24; 로마서 15:14), 격려하고(히브리서 10:24), 위로하고(데살로니가전서 4:18), 용서하고(에베소서 4:32; 골로새서 3:13), 서로 대접하고 섬기고(베드로전서 4:9-10), 서로 사랑하고(베드로전서 1:22; 4:8; 요한일서 3:18; 4:7, 11), 그 가운데 즐거워하는 자들과 함께 즐거워하고 슬퍼하는 자들과 함께 슬퍼하고(로마서 12:15), 어려움 혹은 질병 가운데 있는 이를 위로하고 기도하며(고린도전서 12:26; 야고보서 5:16), 연약한 형제를 권면하고 이끌어 주며, 서로 짐을 지는 것입니다(갈라디아서 6:2).

4) 전도와 선교

교회는 복음을 전하는 공동체입니다. 여러분이 세례를 받기 위해 준비 중인 것도 복음이 전파되었기 때문입니다. 세례 교인(입교인)이 된다는 것은 교회의 사명인 복음 전파 사역에 동참한다는 것입니다. 세례 교인(입교인)은 믿지 않는 사람들에게 복음을 전해야 합니다. 또한 외국에서 복음 전파에 힘쓰는 선교사들을 위해 기도와 물질로 도와야 합니다.

> "[41]그 말을 받은 사람들은 세례를 받으매
> 이날에 신도의 수가 삼천이나 더하더라
> [42]그들이 사도의 가르침을 받아 서로 교제하고
> 떡을 떼며 오로지 기도하기를 힘쓰니라"
> 사도행전 2장 41-42절

예상 질문 익히기

- 교회란 무엇입니까?
  하나님의 부름을 받아 예수 그리스도를 구주로 믿는 성도들이 모여 하나님 앞에 예배하는 공동체입니다.

- 교회의 머리는 누구십니까?
  예수 그리스도

- 교회의 중요한 일은 무엇입니까?
  예배, 교육, 교제, 전도, 선교, 봉사

- 예배란 무엇입니까?
  삼위일체 하나님께 마땅한 경배와 영광을 돌려드리는 일입니다.

- 예배는 어떤 자세로 드려야 합니까?
  경건하게 드려야 합니다.

- 개신교인이 예배드리는 날은 무슨 요일입니까?
  일요일이며, 주일이라고 부릅니다.

- 주일은 어떻게 지켜야 합니까?
  거룩하게 지켜야 하며, 평안한 안식의 날이 되어야 합니다.

- 설교의 내용은 이해가 되고, 유익이 되십니까?
  (사실 그대로 답한다.)

예상 질문 익히기

- 기도는 무엇입니까? (소요리문답 98문)
  우리의 소원을 하나님께 드리는 것으로, 하나님의 뜻에 합당한 것을 간구하는 일입니다.

- 기도의 마지막은 어떻게 마쳐야 합니까?
  예수님의 이름으로 기도합니다. 아멘.

- 평소에 기도는 얼마나 하십니까?
  (사실 그대로 답한다.)

- 평소에 성경은 얼마나 읽으십니까?
  (사실 그대로 답한다.)

- 본 교회의 이름과 담임목사의 이름을 알고 계십니까?
  (사실 그대로 답한다.)

- 본 교회 장로의 이름을 알고 계십니까?
  (사실 그대로 답한다.)

- 목사와 장로, 기타 가르치는 분들의 권면에 순종하십니까?
  (사실 그대로 답한다.)

- 본 교회는 어느 교파에 속해 있습니까?
  장로교회입니다.

예상 질문 익히기

- **다른 사람에게 복음을 전해 본 일이 있습니까?**
  (사실 그대로 답한다.)

- **혹여나 교회에 어려움이 생겼을 때 어떻게 해야 합니까?**
  교회를 위해 기도하면서 인내해야 합니다.

8과   성경은 어떤 책입니까?

인도자 확인

이 과는 하나님의 말씀인 성경에 대한 내용입니다. 세례 교인은 성경에 대한 기초 지식을 가져야 합니다. 성경이 하나님의 말씀임을 믿고 신앙과 생활의 규칙으로 삼아야 합니다. 이 과를 통해 성경에 대해 가르치고, 앞으로도 성경을 열심히 읽을 수 있도록 권면합니다.

기도	
찬송	찬송가 200장 달고 오묘한 그 말씀
성경읽기	디모데후서 3장 14-17절

인도자 확인

교육 대상자가 모이면 출석 확인 후 기도로 시작합니다.
찬송은 성경의 가치를 가사로 담은 것으로 선택합니다. 찬송가 200장은 성경의 가치를 잘 설명하고 있습니다. 성경 읽기 본문은 디모데후서 3장 14-17절입니다. 성경이 무엇인지를 가장 잘 설명하고 있는 구절입니다. 베드로전서 1장 23절이나 베드로후서 1장 20-21절도 읽으면 좋습니다.

마음열기

1. 이 세상에서 가장 많이 팔린 책이 무엇인지 아십니까?
2. 성경을 읽으면서 느낀 점은 무엇입니까?

중요 내용 익히기

1. 성경은 하나님의 말씀입니다.

성경은 하나님의 말씀입니다. 성경은 사람의 말이 아닙니다. 물론 사람이 기록했습니다. 약 40여 명의 사람이 기록했습니다. 모세, 여호수아, 사무엘, 다윗, 솔로몬, 이사야, 다니엘, 마태, 마가, 누가, 요한, 바울 등이 기록했습니다. 하지만 하나님의 말씀입니다. 하나님께서 사람을 통해 기록케 하셨습니다. 여러 사람이 기록했지만 그 내용에 모순이 없으며 통일성을 갖고 있다는 사실은 한 분 하나님께서 기록하신 말씀임을 증명해 줍니다.

베드로후서 1장 20-21절은 "[20]먼저 알 것은 성경의 모든 예언은 사사로이 풀 것이 아니니 ²¹예언은 언제든지 사람의 뜻으로 낸 것이 아니요 오직 성령의 감동하심을 받은 사람들이 하나님께 받아 말한 것임이라"라고 말씀합니다. 디모데후서 3장 16절은 "모든 성경은 하나님의 감동으로 된 것으로"라고 말씀합니다. 여기 "하나님의 감동으로 된 것"이라는 말은 영어 성경(NIV)에 따르면 '하나님께서 숨을 불어 넣으시다'(God-breathed)는 뜻을 갖고 있습니다. 하나님께서 숨을 불어 넣으시다는 것은 하나님께서 말씀하신다는 뜻입니다.

성경은 하나님의 말씀이기에 시대에 따라 변하지 않는 영원한 진리입니다.

2. 성경은 구약과 신약으로 구성되어 있습니다.

성경은 한 권이지만 여러 권의 작은 책이 모여 있습니다. 크게 구약성경과 신약성경으로 나눌 수 있습니다. 구약은 39권, 신약은 27권입니다. 모두 합쳐서 66권입니다. 3×9=27 이렇게 외우면 쉽습니다.

성경에는 방대한 하나님의 구원 역사가 기록되어 있습니다. 구약성경에는 창조부터 예수 그리스도의 탄생 이전까지의 일과 장차 오실 예수 그리스도에 대한 예언 등이 기록되어 있습니다. 신약성경에는 예수 그리스도의 오심과 하신 일, 사도들의 복음 전파 등이 기록되어 있습니다.

각 성경은 역사, 시, 편지, 예언 등 다양한 형식(장르)으로 기록되었습니다.

성경 66권 각각을 다음과 같은 약자로 표시할 수 있습니다.

구약성경

창세기(창) 출애굽기(출) 레위기(레) 민수기(민) 신명기(신) 여호수아(수) 사사기(삿) 룻기(룻) 사무엘상(삼상) 사무엘하(삼하) 열왕기상(왕상) 열왕기하(왕하) 역대상(대상) 역대하(대하) 에스라(스) 느헤미야(느) 에스더(에) 욥기(욥) 시편(시) 잠언(잠) 전도서(전) 아가서(아) 이사야(사) 예레미야(렘) 예레미야 애가(애) 에스겔(겔) 다니엘(단) 호세아(호) 요엘(욜) 아모스(암) 오바댜(옵) 요나(욘) 미가(미) 나훔(나) 하박국(합) 스바냐(습) 학개(학) 스가랴(슥) 말라기(말)

신약성경

마태복음(마) 마가복음(막) 누가복음(눅) 요한복음(요) 사도행전(행) 로마서(롬) 고린도전서(고전) 고린도후서(고후) 갈라디아서(갈) 에베소서(엡) 빌립보서(빌) 골로새서(골) 데살로니가전서(살전) 데살로니가후서(살후) 디모데전서(딤전) 디모데후서(딤후) 디도서(딛) 빌레몬서(몬) 히브리서(히) 야고보서(약) 베드로전서(벧전) 베드로후서(벧후) 요한일서(요일) 요한이서(요이) 요한삼서(요삼) 유다서(유) 요한계시록(계)

대체로 성경 66권을 내용이나 형식을 따라 다음 표 같이 분류합니다.

구분	분류		책명
구약	율법서		창, 출, 레, 민, 신
	역사서		수, 삿, 룻, 삼상하, 왕상하, 대상하, 스, 느, 에
	시가서		욥, 시, 잠, 전, 아
	예언서	대예언서	사, 렘, 애, 겔, 단
		소예언서	호, 욜, 암, 옵, 욘, 미, 나, 합, 습, 학, 슥, 말
신약	복음서		마, 막, 눅, 요
	역사서		행
	서신서	바울서신 교리서신	롬, 고전, 고후, 갈
		바울서신 옥중서신	엡, 빌, 골, 몬
		바울서신 목회서신	딤전후, 딛
		바울서신 일반서신	살전후
		공동서신	히, 약, 벧전후, 요일이삼, 유
	예언서		계

성경 목록을 암송하는 것은 중요합니다. 성경 목록이 길기 때문에 다음 노래를 따라 반복해 부르면 쉽게 암송할 수 있습니다.

3. 성경은 신앙과 생활의 규칙입니다.

성경은 우리가 무엇을 믿어야 할지, 우리가 어떻게 살아야 할지를 가르쳐 줍니다. 성경은 우리 삶에 무엇이 옳고 그른지를 가르쳐 줍니다. 또한 우리가 잘못된 길을 걸어갈 때 길을 찾게 해 줍니다. 선한 일을 할 수 있도록 인도해 줍니다. 다윗은 "주의 말씀은 내 발에 등이요 내 길에 빛이니이다"(시편 119:105)라고 했습니다. 결국 성경을 통해 우리는 온전한 그리스도인이 될 수 있습니다. 그렇기에 신앙과 생활의 규칙입니다(웨스트민스터 신앙고백서 제1장 2절; 웨스트민스터 대요리문답 3문답).

디모데후서 3장 15-17절은 "15성경은 능히 너로 하여금 그리스도 예수 안에 있는 믿음으로 말미암아 **구원에 이르는 지혜**가 있게 하느니라 ¹⁶모든 성경은 하나님의 감동으로 된 것으로 **교훈과 책망과 바르게 함과 의로 교육하기에 유익하니** ¹⁷**이는 하나님의 사람으로 온전하게 하며 모든 선한 일을 행할 능력을 갖추게 하려 함이라**"라고 말씀합니다.

그러므로 우리는 매일 음식을 먹는 것처럼, 성경을 읽어야 합니다. 성경은 영혼의 양식입니다.

웨스트민스터 대요리문답

3문 : 하나님의 말씀은 무엇입니까?
답 : 구약과 신약 성경이 하나님의 말씀이며(딤후 3:16; 벧후 1:19-21), 믿음과 순종을 위한 유일한 규칙입니다(엡 2:20; 계 22:18-19; 사 8:20; 눅 16:29, 31; 갈 1:8-9; 딤후 3:15-16).

5문 : 성경이 주로 가르치는 것은 무엇입니까?
답 : 성경이 주로 가르치는 것은 사람이 하나님에 대하여 믿을 것은 무엇인가와 하나님께서 사람에게 요구하시는 의무는 무엇인가입니다(딤후 1:13).

예상 질문 익히기

- **성경은 어떤 책입니까? (대요리문답 3문)**
  성경은 하나님의 말씀으로, 신앙과 생활의 유일한 법칙입니다.

- **성경을 두 부분으로 나누면 무엇과 무엇입니까?**
  구약과 신약

- **성경의 저자는 누구입니까?**
  (성령) 하나님

- **구약성경과 신약성경의 주요 배경이 되는 나라는 어디입니까?**
  이스라엘

- **구약성경에는 주로 무엇이 기록되어 있습니까?**
  창조부터 예수 그리스도의 탄생 이전까지의 일과 장차 오실 예수 그리스도에 대한 예언이 기록되어 있습니다.

- **신약성경에는 주로 무엇이 기록되어 있습니까?**
  예수 그리스도의 탄생과 이 땅 위에서 하신 일, 사도들의 복음 전파 등이 기록되어 있습니다.

- **성경의 첫 책은 무엇입니까?**
  창세기

예상 질문 익히기

- 성경의 마지막 책은 무엇입니까?
  요한계시록

- 여호수아서는 구약과 신약 중 어디에 속해 있습니까?
  구약

- 에베소서는 구약과 신약 중 어디에 속해 있습니까?
  신약

- 예수님의 생애를 기록한 복음서 네 권은 무엇입니까?
  마태복음, 마가복음, 누가복음, 요한복음

- 성경에 기록된 모든 내용이 사실 그대로임을 믿으십니까?
  네. 모두 다 역사적 사실이요,
  앞으로 반드시 일어날 일입니다.

- 성경이 주로 가르치는 것은 무엇입니까? (소요리문답 3문)
  우리가 하나님에 대하여 믿어야 할 것과 하나님께서
  사람에게 요구하시는 의무가 무엇인지를 주로 가르칩니다.

세례·입교 교육
해설서

9과 세례 교인과 입교인의 의무와 권리는 무엇입니까?

인도자 확인

이 과는 세례 서약의 네 번째 질문인 "여러분(그대)은 이제부터 교회의 관할과 치리에 복종하고 성결과 화평을 이루도록 노력하기로 서약합니까?"를 제대로 이해하기 위해 반드시 숙지해야 합니다.

기도	
찬송	찬송가 436장 나 이제 주님의 새 생명 얻은 몸
성경읽기	디모데전서 5장 17절

인도자 확인

교육 대상자가 모이면 출석 확인 후 기도로 시작합니다.
찬송은 구원의 기쁨과 감격을 노래하는 찬송가 436장을 선택합니다. 성경 읽기 본문은 디모데전서 5장 17절로서 교회에 세우신 목사와 장로를 존경하고 그들의 가르침에 순종해야 할 것에 관한 말씀입니다.

마음열기

1. 대한민국 국민의 의무는 무엇입니까?

중요 내용 익히기

　세례를 받고 나면(입교인이 되면), 정식 교인으로 교회의 관할(管轄)과 치리(治理) 하에 있습니다. 세례 교인이 된다는 건 교회의 정회원이 된다는 뜻입니다. 그렇기에 의무와 권리를 수행해야 합니다. 국민에게 국가에 대한 의무와 권리가 있듯, 교인에게도 교회에 대한 의무와 권리가 있습니다. 교회의 의무와 권리는 국가와 같이 강제력을 행사하지는 않지만, 하나님의 은혜를 기억하면서 자발적으로 감당해야 합니다.

1. 세례 교인(입교인)의 의무

1) 공예배에 참석해야 합니다.

　세례 교인(입교인)은 공예배에 적극 참석해야 합니다. 공예배는 주일 오전예배와 주일 오후(저녁)예배가 있습니다. 공예배 외에도 수요기도회, 금요기도회, 새벽기도회, 구역모임 등 교회가 정한 공적인 모임에 참석하려고 노력해야 합니다.

2) 헌금 생활을 해야 합니다.

세례 교인은 교회의 정회원으로서 헌금 생활을 해야 합니다. 헌금은 인색함이나 억지로 해서는 안 되며 자원하는 마음으로 기쁘게 해야 합니다(고린도후서 9:7). 헌금은 목회자의 생활비(고린도전서 9:4-14; 디모데전서 5:17-18), 구제(사도행전 4:32-37), 선교(빌립보서 4:15-19), 다른 교회를 돕는 일(사도행전 11:27-30; 로마서 15:26; 고린도전서 16:1-4), 교육, 교회당 건물 유지, 주일 점심 식사, 각종 비용 등에 사용됩니다.

헌금 내역과 지출 내역은 제직회와 공동의회를 통해 공개되며, 세례 교인은 공동의회에 참석하여 예산과 결산을 의결하는 권리를 행사할 수 있습니다.

3) 교회를 위해 봉사해야 합니다.

세례 교인은 주일학교 교사, 전도, 찬양대, 안내, 식당 등 교회에 필요한 각종 봉사에 적극 협조해야 합니다.

4) 교회의 관할과 치리에 복종해야 합니다.

세례 교인은 하나님께서 말씀을 따라 교회에 허락하신 질서 위에 세워진 당회와 직분자에게 순종해야 합니다(웨스트민스터 신앙고백서 제30장).

2. 세례 교인(입교인)의 권리

1) 성찬에 참여할 권리

세례 교인(입교인)은 성찬에 참여할 수 있습니다. 성찬은 예수 그리스도의 살과 피를 상징하는 빵과 포도주를 먹고 마시는 일입니다. 성찬을 통해 예수 그리스도의 고난, 죽으심, 부활, 재림을 기억하고 기념합니다. 성찬은 세례 교인만 참여할 수 있으며, 세례 교인이라도 수찬정지와 같은 시벌을 받은 경우 일정 기간 동안 이 권리를 상실할 수 있습니다.

2) 영적 보호를 받을 권리

세례 교인은 교회로부터 영적 보호를 받을 권리가 있습니다. 설교와 심방, 기타 상담을 통해 자신의 신앙에 대한 점검을 받을 권리가 있습니다.

3) 공동의회 회원권

세례 교인은 교회의 회원으로서, 공동의회에 참석하여 예산과 결산, 교회의 재산에 관한 사항, 직원 선거, 당회가 요청한 안건 등에 대해 자신의 의사를 표현할 권리가 있습니다.

4) 선거권과 피선거권

세례 교인은 교회의 직원을 선출할 권한과 그 외에 성경이 정한 자격에 따라 피선거권을 가집니다. 단, 시벌을 받은 경우 일부 권리를 상실할 수 있습니다.

5) 모든 청구권

세례 교인은 교회의 회원이기에 모든 청구권을 가집니다. 교회의 여러 가지 일에 대해 당회에 문의할 수 있고, 각종 서류를 발급 받을 수 있습니다.

대한예수교장로회 (고신) 교회헌법(2023년판)
정치 제3장 교인

제24조 (교인의 권리)
1. 세례 교인은 성찬 참여권과 공동의회 회원권 및 교인으로서의 모든 청구권과 영적 보호를 받을 권리, 법규에 따른 개체교회에서의 선거권 및 피선거권이 있다. 단, 무단 6개월 이상 본 교회 예배에 참석치 않으면 위 권리를 정지한다.
2. 교인이 노회에 교회 헌법에 따라 진정서나 청원서 등을 제출하고자 하면 당회를 경유하여야 하며, 당회가 이를 거부할 때는 제출 서류에 당회가 거부한 이유서를 첨부하여야 한다.

제25조 (교인의 의무)
1. 교인은 공적 예배 참여, 헌금, 전도, 봉사, 교회 치리에 복종할 의무를 갖는다.
2. 교인의 자녀 관리 의무
1) 보이는 교회 내에서 출생한 모든 자녀들은 교인이다.
2) 자녀들에게 세례를 받게 하고 교회의 보호 아래 두어 정치와 권

징에 복종하도록 양육하여야 한다.
3) 자녀가 성장하면 교회의 모든 의무를 이행하도록 관리하여야 한다.

제26조 (교인의 이명)

1. 교인이 이거하거나 기타 사정으로 교회를 떠날 때는 소속 당회에 이명 청원을 하여야 한다.
2. 교인이 다른 교회로 이거한 후 6개월 이내에 전 소속 교회 당회장에게 이명청원을 하여야 하며, 이명절차가 끝나기까지는 전 소속 교회 치리 하에 있다.
3. 이명 증서를 받아 교인으로 등록되면 즉시 이명접수 통지서를 이명한 교회에 보내야 하며, 이명을 허락할 수 없을 경우에는 이명증서를 반송하여야 한다.
4. 교인의 이명증서에는 책벌사항을 명기하여야 한다.
5. 이명증서 발급 후 3개월 이내에 반송된 때에는 원 교적에 복원된다.
6. 책벌 하에 있는 교회의 직원은 그 치리회의 결의가 있어야 복직된다.

제27조 (교인의 신고)

교인은 학업, 병역, 직업, 기타 사유로 인하여 개체교회를 떠나 6개월 이상 경과하게 될 경우에는 소속당회에 이를 신고하여야 한다.

제28조 (교인의 자격)

1. 자격정지 및 상실: 교인이 신고 없이 교회를 떠나 의무를 행치

않고 6개월을 경과하면 교인권이 정지되고, 1년을 경과하면 교인권이 상실된다.
　2. 교인권 부여: 다른 교회 교인이 이명서 없이 본 교회에 출석한 지 6개월을 경과하면 당회의 결의로 교인권을 줄 수 있다.

제29조 (교인권의 복권)
교인권을 상실한 자가 본 교회에 돌아와 출석한 지 6개월이 경과하면 당회의 결의로 교인권을 복권시킬 수 있다.

대한예수교장로회 (합동) 헌법(2018년판)
헌법적 규칙

제2조 교인의 의무
　1. 교인은 교회의 정한 예배회와 기도회와 모든 교회 집회에 출석하여야 한다.
　2. 교인은 노력과 협력과 거룩한 교제로 교회 발전에 진력하며 사랑과 선행으로 하나님을 영화롭게 하여야 한다.
　3. 교인은 교회의 경비와 사업비에 대하여 성심 협조하여 자선과 전도 사업과 모든 선한 일에 노력과 금전을 아끼지 않아야 한다.
　4. 성경 도리를 힘써 배우며 전하고 성경 말씀대로 실행하기를 힘쓰며 예수 그리스도의 정신을 우리 생활에서 나타내어야 한다.
　5. 교회의 직원으로 성일(聖日)을 범하거나 미신 행위나 음주 흡연 구타하는 등의 행동이나 고의로 교회의 의무금을 드리지 않는 자는 직임(職任)을 면(免)함이 당연하고 교인으로는 의무를 이행하지 않는 자로 간주한다.

교인은 진리를 보수(保守)하고 교회 법규를 잘 지키며 교회 헌법에 의지하여 치리함을 순히 복종하여야 한다.

제3조 교인의 권리

교회의 주권과 모든 권리는 교인에게 있다.

1. 교인은 교회 헌법대로 순서를 따라 청원(請願), 소원(所願), 상소(上訴)할 권리가 있다.
2. 교인은 지교회에서 법규대로 선거 및 피선거권이 있다. 그러나 무고히 6개월 이상 본 교회 예배회에 계속 출석치 아니한 교인은 위의 권리가 중지된다.
3. 무흠 입교인은 성찬에 참례하는 권한이 있다.
4. 교인은 그리스도의 몸된 교회를 위하여 분량(分量)에 따라 일할 특권이 있다.

대한예수교장로회 (합신) 헌법(2021년판) 교회정치 제3장 교인

제2조 교인의 의무

1. 모든 예배회와 기도회와 각기 관련된 집회에 출석할 것(히 10:24-25)이며,
2. 거룩한 단합과 교회 발전에 협력하며, 믿음과 사랑으로 행하여 하나님을 영화롭게 할 것(고전 10:31; 빌 2:1-4)이요,
3. 자기와 자신의 소유 전부를 하나님의 것으로 알고 자원하는

마음으로 헌금하며, 교회의 복음사역을 위하여 물질로 협력할 것(고후 8:1-9:15)이요,

4. 성경을 힘써 배우고 행하며(빌 2:15; 약 2:17-18), 복음을 증거할 것(행 1:8; 딤후 4:2)이며,

5. 교회의 권면과 치리에 순종할 것(벧전 5:5)이다.

제3조 교인의 권리

1. 모든 교인들은 그리스도 안에서 당당히 하나님을 직접 섬기는 영적 권리를 가진다(엡 3:12; 히 4:16).

2. 흠 없는 입교인은 성찬에 참여할 권리(고전 11:26-27)와 은사의 분량에 따라 교회를 봉사할 권리가 있다(롬 12:6-11; 벧전 4:10-11).

3. 교회의 기본 권리는 그리스도 안에서 입교인이 가진다(행 6:5). 이 권리 행사는 개인 자격으로 실행하기보다 공동의회에 의하여 실행한다.

4. 입교인은 선거권과 피선거권이 있다.

5. 입교인은 공동의회의 회원권을 가진다(행 15:22). 단, 6개월 이상 까닭없이 본교회에 출석하지 아니한 자는 권리가 중지된다.

6. 입교인은 교회 헌법의 절차를 따라 청원, 소원, 상소할 권리를 가진다.

제4조 교인의 이명

1. 입교인과 자녀

교회 입교인의 자녀는 다 교인이니, 마땅히 세례를 받게 하여 교회의 보호 아래 두어 정치와 권징에 복종하게 할 것이다. 또 그가 장

성하여 지각있는 나이가 되면 교인의 모든 책임을 마땅히 이행할 것이다(신 6:6-7).

　2. 이주 통지

교인이 다른 지방으로 이사 가면, 본 교회 당회장은 그 교인의 이주 사실을 그 지방의 지교회의 당회장에게 통지할 것이다.

　3. 이명청원과 발급

교인이 이사하거나 기타 사정으로 지교회를 떠나 그 지방의 지역 교회로 이명하기를 원할 때에는, 당회가 옮겨가는 교회가 본 교단에서 이단이나 불건전하다고 판단한 교파에 속하지 않았을 경우 당회가 이명서를 발급하고 그러한 사실을 옮겨가는 교회에 통지해야 한다.

이명서에 기록될 사항은 옮겨가는 교회 이름과 주소, 그 지역 노회의 이름, 가족의 이름과 생년월일, 신급과 직분명과 받은 연월일, 권징사항, 기타 특기사항 등이다.

　4. 이명서 제출기한

이명서를 받은 교인은 1년 이내에 이명서에 기록된 지교회에 이명서를 제출하고 그 지교회에 가입하여야 한다.

　5. 이명서를 받은 교인의 치리권

지교회에서 이명서를 받은 교인이 다른 지교회에 가입하기 전에는 여전히 본회 관할에 속한다.

　6. 이명자의 권리

교인이 이명서를 받은 그때로부터 그 지교회의 회원권(공동의회)과 직원의 시무권이 없어진다.

　7. 이명증서 반환

이명서를 받은 후 1년 이내에 그것을 본 교회로 반환하면 당회는 그 이명서를 받은 후에 회의록에 기록할 것이다. 단 전에 시무하던 직분을 계속할 수는 없다.

8. 이명증서를 청구치 않는 교인

다른 지방으로 옮겨간 교인이 상당한 이유 없이 2년이 경과하도록 이명서를 청구하지 아니하면, 당회는 그의 성명과 이주 시일을 별명부에 기록하고 계속 탐문하여 그 형편을 파악하기를 힘쓸 것이다(눅 15:8-10).

9. 이명증서 없이 떠난 교인

교인이 본 교회를 떠나 의무를 행치 않고 아무 연락도 없이 1년을 경과하면 그 회원권이 정지되고, 2년을 경과하면 실종교인이 되어 별명부로 옮기고, 3년이 경과하면 교인명부에서 삭제하되 그 사유를 회의록에 상세히 기록한다.

10. 별명부 교인의 이명 청원

지교회에서 떠난 지 2년이 지나서 별명부로 옮겨진 교인이 이명서를 청구하면 본 당회는 이명서에 그 사실을 기입할 것이다.

11. 폐지된 교회의 교인 이명

지교회가 폐지된 경우에는 그 소속 노회가 그 교인들을 직할하여 이명서를 발급하여 원하는 지교회에 속하게 한다. 단, 폐지된 지교회의 당회에서 착수하였던 재판 사건이 있으면 역시 그 소속 노회가 접수하여 이를 계속 처리한다.

12. 다른 교파 가입 교인

본 교회의 이명서 없이 다른 교파에 가입하는 것은 무례한 일이니, 본 당회는 그를 제명하고 그 사건을 당회록에 기록할 것이요, 그 교인에 대하여 착수한 송사 안건이 있었으면 계속 재판할 수 있다.

대한예수교장로회 (통합) 헌법(2023년판)
정치 제3장 교인

제15조 교인의 의무
교인의 의무는 공동예배 출석과 봉헌과 교회 치리에 복종하는 것이다.

제16조 교인의 권리
세례 교인(입교인)과 유아세례 교인, 아동세례 교인은 성찬 참례권을 가진다. 또한 세례 교인(입교인)과 아동세례 교인으로 18세 이상인 자는 공동의회 회원권을 가진다.

제17조 교인의 이명
 1. 교인은 특별한 사정으로 인하여 다른 교회로 이명하고자 하는 경우에는 6개월 이내에 소속 당회에 이명 청원을 하여야 한다.
 2. 당회는 이명청원서를 접수 후 합당하다고 인정하는 경우 이명 증명서를 발급한다. 당회는 당사자가 이단으로 규정된 교회로 옮기려는 경우, 정당한 이유 없이 이명을 청원하는 경우, 소송계류 중에 있는 경우 등에는 이명 증명서를 발급하지 아니할 수 있다.
 3. 책벌 하에 있는 교인의 이명증서에는 책벌사항을 명기하여야 한다.
 4. 본 총회가 인정하는 교파에 속한 교인이 본 교단 교회로의 이명을 원하는 경우에는 이명을 허락할 수 있다.

제18조 교인의 출타신고
교인은 학업, 병역, 직업 등의 사유로 인하여 지교회를 떠나 6개월 이상 경과하게 될 경우에는 소속 당회에 이를 신고하여야 한다.

제19조 교인의 자격정지
교인이 신고 없이 교회를 떠나 의무를 행치 않고 6개월을 경과하면 회원권이 정지되고 1년을 경과하면 실종교인이 된다.

제20조 교인의 복권
　1. 회원권이 정지된 교인이 다시 본 교회로 돌아온 때에는 6개월이 경과된 후 당회의 결의로 복권시킬 수 있다.
　2. 실종교인이 다시 본 교회로 돌아온 때에는 1년이 경과된 후 당회의 결의로 복권시킬 수 있다.

3. 세례 교인(입교인)의 삶

　기독교 신자는 믿기만 하는 사람이 아닙니다. 믿는 바를 따라서 살아가는 사람입니다. 믿음이 있다고 하면서 믿음의 열매가 삶으로 드러나지 않으면 참된 믿음이 아닙니다. 믿음은 반드시 행함으로 나타납니다(야고보서 2:17). 진정으로 믿는 자는 행함을 무가치하게 여기지 않습니다. 참된 믿음은 선한 삶을 살게 만듭니다.

　예수님을 믿으면 삶이 바뀝니다. 살아가는 이유와 방식이 바뀝니다. 평소의 삶에서 패턴이 달라지는 것은 아닙니다. 교회 출석, 경건 생활(성경 읽기, 기도 등)에 있어서 변화가 있지만, 직장생활,

학교생활, 가정생활을 하는 것 자체가 변화되지는 않습니다. (어떤 이단 종교들은 직장생활을 그만두게 한다든지 합니다.) 다만, 그 이유와 목적과 방향이 달라집니다.

  기독교 신자가 되기 전에는 삶의 목적이 없다든지, 혹은 자기 자신을 위해서, 가족들을 위해서, 그 밖의 다른 목적을 위해 살았다면, 이제는 모든 일에 있어서 하나님의 영광을 위해서 하게 됩니다. 기독교 신자가 되기 전에는 자기 자신의 힘, 능력, 돈, 그 밖에 과학기술이나 세상을 의지했다면, 이제는 오직 삼위일체 하나님의 도우심만을 믿고 삽니다.

  기독교 신자의 삶에 있어서 가장 중요한 것은 죄에 대한 태도입니다. 하나님 앞에서 자신이 죄인이라는 사실을 인식하며, 죄에서 완전히 벗어날 수는 없어도 최대한 죄를 짓지 않으려고 노력하는 삶을 삽니다.

  나아가 기독교 신자는 예배 생활에 힘쓰며, 교회의 구성원으로서 살아갑니다. 평소의 삶에서도 경건에 힘씁니다.

  기독교 신자가 된 이후 어떻게 살아야 하는지에 대해서는 십계명(출애굽기 20:2-17 또는 찬송가 제일 마지막 페이지)에 잘 요약되어 있습니다. 십계명은 하나님 사랑과 이웃 사랑으로 요약할 수 있습니다.

> "³⁷예수께서 이르시되
> 네 마음을 다하고 목숨을 다하고 뜻을 다하여
> 주 너의 **하나님을 사랑하라** 하셨으니
> ³⁸이것이 크고 첫째 되는 계명이요
> ³⁹둘째도 그와 같으니 **네 이웃을 네 자신 같이 사랑하라** 하셨으니
> ⁴⁰이 두 계명이 온 율법과 선지자의 강령이니라."
> 마태복음 22장 37-40절

세례 교인은 하나님을 사랑합니다. 하나님을 사랑한다는 건 그분께 영광을 돌리는 삶을 말합니다. 하나님께서 말씀하신 명령을 지키는 것을 말합니다. 마음, 목숨, 뜻을 다해 하나님을 사랑합니다(마태복음 22:37). 마음을 다한다는 건 하나님을 찾고 섬기고 사랑함에 있어서 마음을 다한다는 것입니다. 목숨을 다한다는 건 하나님을 사랑함에 있어서 내 목숨까지 내어놓을 정도로 사랑하는 것을 말합니다. 뜻을 다한다는 건 나의 의지를 다하여 사랑한다는 것입니다.

세례 교인의 삶은 오직 하나님 한 분만으로 만족합니다. 때로는 예수 그리스도에 대한 믿음을 지키기 위해 핍박도 감수할 수 있어야 합니다(마태복음 10:22; 24:9; 요한복음 16:18, 20; 디모데후서 3:12; 베드로전서 4:12-14; 요한일서 3:13).

세례 교인은 이웃을 사랑합니다. 이웃을 자기 자신처럼 사랑합니다(마태복음 22:39). 이웃이 어려움에 빠졌을 때에 도움을 베풀

어야 합니다(누가복음 10:25-37). 아직 복음을 알지 못하는 이웃에게 복음을 전해야 합니다(다니엘 12:3; 야고보서 5:20). 복음을 알지 못하는 그들을 불쌍히 여기며 기도하고 전도해야 합니다. 이웃의 생명, 가정, 재산, 명예를 존중하고 보호합니다.

 기독교 신자의 이러한 삶은 예수님을 믿음과 동시에 일어나면서도 또한 천천히 일어나며 일평생 계속됩니다.

웨스트민스터 소요리문답

40문: 하나님께서 사람에게 순종의 법칙으로 처음 계시하신 것은 무엇입니까?
답: 하나님께서 사람에게 순종의 법칙으로 처음 계시하신 것은 도덕법입니다(롬 2:14-15; 10:5).

41문: 이 도덕법은 어디에 요약적으로 들어있습니까?
답: 이 도덕법은 십계명에 요약적으로 들어있습니다(신 10:4 마 19:17).

42문: 십계명의 강령(綱領)은 무엇입니까?
답: 십계명의 강령은 "네 마음을 다하고 목숨을 다하고 힘을 다하고 뜻을 다하여 주 너의 하나님을 사랑하고 또 이웃 사랑하기를 네 몸과 같이 하라" 하신 것입니다(마 22:37-40).

예상 질문 익히기

- 주일 오전 예배는 잘 참석하십니까?
  (사실 그대로 답한다.)

- 주일 오후(저녁) 예배도 참석하십니까?
  (사실 그대로 답한다.)

- 헌금은 무엇입니까?
  구원받은 성도가 하나님께서 주신 은혜에 감사하여
  하나님께 드리는 물질입니다.

- 헌금은 정직하고 성실하게 드리십니까?
  (사실 그대로 답한다.)

- 세례 교인의 의무와 권리는 무엇입니까?
  의무는 공예배 참석, 헌금, 전도, 봉사, 교회의 치리에 복종
  등이 있습니다. 권리는 영적 보호를 받을 권리, 성찬에 참여
  할 권리, 공동의회 회원권, 모든 청구권 등이 있습니다.

- 사람의 제일 되는 목적은 무엇입니까? (소요리문답 1문)
  하나님께 영광을 돌리고,
  그분을 영원토록 즐거워하는 것입니다.

예상 질문 익히기

- 기독교 신자는 이 세상에서 어떻게 살아야 한다고 생각하십니까?
  하나님과 예수님의 이름을 더럽히지 않고 세상의 모범이 되어야 합니다.

- 기독교 신자가 어떻게 살아야 하는지에 대해서는 어디에 잘 나와 있습니까? (소요리문답 41문)
  십계명에 요약되어 있습니다.

- 십계명 중 제1계명은 무엇입니까?
  하나님 외에 다른 신을 두지 말라

- 십계명 중 제6계명은 무엇입니까?
  살인하지 말라

- 십계명 중 제7계명은 무엇입니까?
  간음하지 말라

- 술이나 담배는 하십니까?
  (사실 그대로 답한다.)

예상 질문 익히기

- 직업은 무엇입니까?
  그리스도인으로서 합당하지 못한 직업은 아닙니까?
  (사실 그대로 답한다.)

- 이웃 사랑을 위해 어떤 일을 하십니까?
  (사실 그대로 답한다.)

- 예수님을 믿은 이후 조상제사를 지내거나 점을 치거나 사주팔자를 보는 등의 일을 하십니까?
  (사실 그대로 답한다.)

세례 · 입교 교육
해설서

세례 및 입교 문답과 세례 및 입교식

인도자 확인

세례 및 입교 교육 마지막 시간입니다. 다시 한번 더 복습하고 문답과 세례식 및 입교식을 준비하게 합니다.

기도	
찬송	찬송가 615장 그 큰 일을 행하신
성경읽기	마가복음 16장 16절

인도자 확인

교육 대상자가 모이면 출석 확인 후 기도로 시작합니다.
찬송은 교육을 마친 기쁨과 감사를 노래하는 찬송가 615장을 정했습니다. 그 외에 적절한 곡을 선택하셔도 좋습니다. 성경 읽기 본문은 마가복음 16장 16절입니다.

마음열기

1. 지금까지의 공부를 마치면서 자기 자신을 생각해 볼 때 세례받기에 혹은 입교하기에 합당하다고 생각하십니까?

중요 내용 익히기

1. 세례 문답 및 입교 문답 시 유의사항

　세례 및 입교 교육 마지막 시간입니다. 그동안 수고하셨습니다. 세례 교육을 마치셨다고 해서 바로 세례를 받는 것은 아닙니다. 교회를 다스리도록 세움 받은 목사와 장로의 회의인 당회(堂會) 앞에서 세례받기에 적합한지 확인하는 시간을 갖게 될 것입니다.

　당회는 여러분에게 몇 가지 질문을 할 것입니다. 여러분은 아시는 대로 솔직하게 답하시면 됩니다. 묻고 답한다고 해서 문답(問答)이라고 합니다. 기독교회는 오래전부터 묻고 답하는 방식으로 교육하고 시험을 치르는 전통이 있습니다.

　문답을 위해서 지금까지 배운 내용을 다시 한번 점검해 보시기 바랍니다. 외워야 할 것은 외우시기 바랍니다. 자신이 실천하지 못하는 것이 있으면 이 기회를 통해 새롭게 결심하시고 실천하시기 바랍니다.

2. 세례받을(입교할) 때의 자세

당회 문답을 통과하시면 적절한 날에 세례를 받게 될 것입니다(또는 입교할 것입니다.). 세례식(입교식)이 거행되기까지 경건한 마음으로 준비하시기 바랍니다. 세례식이 있기 하루 전이나 이틀 전에 금식하셔도 좋습니다.

세례식(입교식) 당일에는 아침 일찍 일어나 몸과 마음을 가지런히 하여 단정한 복장으로 예배에 참석합니다. 세례식 때는 집례하는 목사의 안내에 따라 행합니다. 목사가 여러분에게 서약하게 할 텐데, 하나님과 사람 앞에서 정직한 마음으로 하고 아멘으로 답합니다. 서약에는 절대로 거짓이 있어서는 안 됩니다. 서약을 가볍게 여기거나 어기는 것은 제3계명을 어기는 일입니다.

서약을 마치면 세례반 앞으로 나가서 세례를 받습니다. 집례자인 목사는 "주 예수 그리스도를 믿는 OOO 씨에게 내가 성부와 성자와 성령의 이름으로 세례를 주노라. 아멘"이라는 말씀과 함께 머리 위에 물을 한 번 혹은 세 번 부음으로 세례를 베풉니다.

이때 세례의 물이나 집례자인 목사의 경건성에 효력이 부여되는 것이 아니라 믿음으로 참여해야만 효력이 있음을 기억하시기 바랍니다.

입교자는 서약만 하고, 세례는 받지 않습니다. 유아세례를 받았기 때문입니다.

3. 세례받은 이후 해야 할 일

세례받았다고 해서 끝나는 게 아닙니다. 계속해서 그 세례를 향상시켜야 합니다. 세례는 평생 한 번 받는 것이지만, 그렇기 때문에 또한 한 번으로 평생에 효력을 발생합니다.

그래서 한 번 받은 세례에 근거하여 하나님께서 우리에게 허락하신 약속을 붙들고 믿음을 더욱 굳세게 해야 합니다. 시험당하거나 넘어질 때, 세례받은 일을 회고하며 마음을 굳게 해서 항상 사죄에 대한 확신을 가져야 합니다. 다른 사람들이 세례를 받을 때, 그 세례를 보면서 세례가 주는 은혜를 생각해야 합니다.

그리스도와 합하여 세례를 받음으로 그분과 함께 죽었고 그분과 함께 살아났으며, 그분과 우리가 함께 죽을 때 우리의 죄도 죽었고, 그분과 우리가 함께 살아날 때 우리 안에 은혜도 소생케 되었음을 기억하며, 믿음으로 살기를 더욱 힘써야 합니다.

세례를 받음으로 교회의 회원이 되었다는 사실을 기억하며 그리스도 안에서 한 몸을 이룬 다른 자들과 형제 사랑을 행하기 위해 힘써야 합니다.

이와 관련해서 웨스트민스터 대요리문답 167문답을 통해서 좀 더 분명한 가르침을 얻을 수 있습니다.

웨스트민스터 대요리문답

167문 : 우리의 세례를 우리가 어떻게 향상시킬 수 있습니까?

답 : 우리가 받은 세례를 향상시켜야 할 의무는, 꼭 필요하지만 매우 소홀히 해 왔습니다. 이것은 우리가 평생에 걸쳐 행해야 할 것인데, 특별히 시험을 당할 때와 다른 사람들이 세례받는 자리에 참석했을 때에 해야 합니다(골 2:11, 12; 롬 6:4, 6, 11). 세례의 본질과 그리스도께서 그것을 제정하신 목적과 세례에 의해 우리에게 주어지고 보증된 특권과 혜택, 세례 시에 행한 우리의 엄숙한 서약 등을 신중하면서도 감사히 생각함으로써 해야 합니다(롬 6:3-5). 우리의 죄악 된 더러움과 세례의 은혜와 우리의 맹세에 못 미치고 역행하는 것으로 인해 겸손함으로써 하고(고전 1:11-13; 롬 6:2, 3), 그 성례 안에서 우리에게 보증된 죄 사함과 다른 모든 축복에 대한 확신에 이르기까지 성숙함으로써 해야 합니다(롬 4:11, 12; 벧전 3:21). 우리가 그리스도와 합하여 세례를 받음으로써 그의 죽음과 부활에서 힘을 얻고, 죄를 무력하게 하며, 은혜를 소생시킴으로써 하고(롬 6:3-5), 믿음으로 살기를 힘쓰며(갈 3:26, 27), 그리스도에게 자기들의 이름들을 바친 자들로서(행 2:38), 거룩함과 의로운 생활을 하고(롬 6:22), 같은 성령으로 세례를 받아 한 몸을 이룬 자들로서 형제의 사랑으로 행하기를 노력함으로써 할 것입니다(고전 12:13, 25, 26, 27).

종교개혁자 마르틴 루터는 하나님의 사랑에 의심이 생기고 스스로 치명적인 절망감에 빠지는 유혹을 느낄 때마다 "나는 세례를 받았다"고 말하면서 자신을 진정시켰다고 합니다. 그렇게 해서 루터는 하나님이 은혜로 자신을 부르셨다는 것과 자신이 그리스도 안에서 새 생명을 얻었고, 그러므로 믿음과 신실함에 있어서 자신 없어 하지 말아야 한다는 확신을 회복했습니다. 여러분도 그렇게 하실 수 있기를 바랍니다.

세례·입교 교육
해설서

3장

세례 · 입교 교육 해설서

문답과 서약문

3장 문답과 서약문

　세례 교육이 끝나면, 당회는 적절한 날짜를 선정하여 대상자로 하여금 문답을 거행합니다. 문답(問答)이란 묻고 답하는 것인데, 세례를 받을 만한 사람인지를 확인하는 중요한 과정입니다.
　복음의 기본적인 내용을 잘 이해하고 있는지, 예수님을 구주로 믿는지, 중생과 회심의 증거가 있는지, 구원에 대한 확신이 있는지, 교회의 치리에 복종할 의사가 있는지를 확인해야 합니다.
　문답 결과 세례를 받을 만하지 않으면 탈락시켜야 합니다. 한국적인 분위기에서는 대충 허락해 주는 경우가 있는데, 그렇게 하는 것은 부활하신 예수님께서 제정하신 세례를 가볍게 여기는 것입니다. 정중하게 양해를 구한 뒤에 탈락시키고, 다시 한번 더 기독교 신앙을 교육하는 것이 필요합니다. 이런 과정은 세례를 받기에 합당한 지가 확인될 때까지 계속되어야 합니다.[101]

목사와 장로로 구성된 당회는 교회의 머리이신 예수 그리스도로부터 위임받아 교회 정치를 하는 치리회입니다. 당회가 하는 일이 여러 가지 있지만, 그중에 교인의 허입과 이명을 다룹니다. 세례는 교인의 허입을 위한 가장 중요한 절차이므로 당회는 그리스도의 직무를 대리한다는 마음으로 이 일에 임해야 합니다. 당회는 세례를 받고자 하는 사람이 진정으로 회심했는지를 최선을 다해 분별하도록 노력해야 합니다.[102]

이때 당회원 전체가 문답에 참여할 수 있고, 당회원과 대상자의 인원이 많다면 적절히 나눠서 시행할 수 있습니다. 가능한 한 당회원 2명 이상이 면접을 하는 것이 좋습니다. 당회는 세례받을 사람이 그에 합당한 지 확인하기 위해 여러 가지 질문을 할 수 있습니다. 세례 교인은 기독교 신자이기에 최소한의 내용을 알아야 합니다. 아래에 제시한 문답 예시는 그 예로서, 확신 있게 대답할 수 있어야 하며, 당회는 형편에 따라 아래의 질문 중 일부 혹은 더 많은 내용을 질문하거나 수정하여 질문할 수 있습니다.

---

[101] 고신 총회, 『교회헌법』(2023년판), 제6장 제25조 4항 "세례를 베풀기 전에 당회는 세례받을 자에 대한 충분한 교육과 문답으로 신앙고백을 확인해야 한다. 신자 개인의 신앙고백은 웨스트민스터 신앙고백서와 대 웨스트민스터 소요리문답에 근거해야 하기에 당회는 세례 문답 전 이에 근거한 충분한 교육이 이루어지도록 해야 한다"
[102] 이스데반, 『중생이란 무엇인가』 (서울: 부흥과개혁사, 2012), 109.

상당 부분을 답하지 못할 경우 다음 기회에 세례를 받을 수 있도록 하는 것이 좋습니다. 왜냐하면 세례 교인은 공동의회에 참여하여 교회의 중요한 일을 결정하게 되므로, 인정(人情)을 따라 베풀기보다는 바람직한 절차를 거치는 것이 필요합니다. 하나님의 백성이 아닌 이들에 의해서 교회가 좌지우지되도록 해서는 안 됩니다.[103] 예장 고신 총회가 발행한 예전예식서(2015년판)에는 "당회는 교회의 문을 지키는 파수꾼이 되어서 이 일을 신중하게 살펴야 한다"라고 되어 있습니다. 예장 합신 총회 헌법 예배모범 제9장 성인세례 제1항에는 "…세례를 실시함에 있어서도 세례받을 자에게 미리 상당한 기간을 주어 진리 지식을 배우게 하고 또 기도로 준비케 해야 된다"라고 되어 있으며, 제2항에는 "누구를 막론하고 성인으로서 세례받고 입교하려고 하면 성경을 상당히 알아야 된다. 그리고 하나님을 아는 것과 그리스도 신앙이 진실함에 대하여 만족한 증거를 당회 앞에 나타내야 된다…"라고 되어 있으며, 제3항에는 "세례 후보자의 복음진리 지식을 확인하지 않은 채 쉽사리 세례를 베푸는 것은 성례를 소홀히 여기는 죄이다. 그것은 결국 교회를 부패케 하는 결과도 가져온다"라고 되어 있습니다. 회심하지 않은 사람에게 세례를 주는 것은 그 사람에게 주님이 제정하신 성만찬에 참여할 자격을 부여함으로, 그 사람으로 하여금 성찬을 더럽히는 죄까지 범하게 하는 일이 됩니다.[104]

---

103 이승구, 『하이델베르크 요리문답 강해 Ⅱ』, 163.
104 이스데반, 『중생이란 무엇인가』, 109.

문답을 할 때는 대상자의 대답을 그대로 신뢰하는 것이 좋습니다. 교회는 세례받을 자가 신앙을 고백하는 경우, 그 진실성을 의심할 만한 객관적인 이유가 발견되지 않는 한 그것을 액면 그대로 받아들여야 합니다. 마음의 깊은 곳까지 들어가서 그의 고백의 진정성 여부를 판단하는 것은 교회가 할 일이 아닙니다. 고백에 대한 책임은 전적으로 고백을 하는 자에게 있습니다.[105] 마음의 내적인 상태를 들여다보고 신앙고백의 진정성 여부를 판단하는 것은 라바디파(Labadist)[106]적인 태도로서, 개혁교회의 관습과는 맞지 않습니다.[107]

문답이 끝나면, 대상자를 잠시 물러나게 한 뒤 당회는 세례를 베풀기에 적합한지를 논의합니다. 적합하다고 판단되면, 대상자를 불러 당회 앞에서 서약하게 합니다. 서약 내용은 아래에 나와 있습니다. 서약을 마친 뒤 어느 날, 어느 곳에서 세례를 베풀지 알려주고 미리 준비케 합니다.

---

[105] 벌코프, 『조직신학 (하)』, 894.
[106] 장 드 라바디(Jean de Labadie, 1610-1674년)를 따르는 무리들입니다. 라바디는 로마가톨릭의 사제였는데, 1650년 개신교로 개종한 뒤 신비주의적인 요소를 띠게 되었습니다. 단순 생활을 강조하고, 자녀와 재산을 공유하며, 예언의 계속성을 주장했던 신비주의자들로서 유형 교회를 무시했습니다. 그는 1669년 복음 회중 교회(Evangelical congregation)를 설립하고 여기에는 참 신자만 속할 수 있다고 하였습니다.
[107] 벌코프, 『조직신학 (하)』, 894-95; Vos, *Lager Catechism*, 135.

1) 문답 예시

기본 질문

- 성명과 나이는 어떻게 되십니까?
  (사실 그대로 답한다)

- 교회에 출석하신 지는 얼마나 되셨습니까?
  (사실 그대로 답한다)

성경에 관한 질문

- 성경은 어떤 책입니까? (대요리문답 3문)
  성경은 하나님의 말씀으로, 신앙과 생활의 유일한 법칙입니다.

- 성경을 두 부분으로 나누면 무엇과 무엇입니까?
  구약과 신약

- 성경의 저자는 누구입니까?
  (성령) 하나님

- 구약성경과 신약성경의 주요 배경이 되는 나라는 어디입니까?
  이스라엘

- 구약성경에는 주로 무엇이 기록되어 있습니까?
  창조부터 예수 그리스도의 탄생 이전까지의 일과
  장차 오실 예수 그리스도에 대한 예언이 기록되어 있습니다.

- 신약성경에는 주로 무엇이 기록되어 있습니까?
  예수 그리스도의 탄생과 이 땅 위에서 하신 일,
  사도들의 복음 전파 등이 기록되어 있습니다.

- 성경의 첫 책은 무엇입니까?
  창세기

- 성경의 마지막 책은 무엇입니까?
  요한계시록

- 여호수아서는 구약과 신약 중 어디에 속해 있습니까?
  구약

- 에베소서는 구약과 신약 중 어디에 속해 있습니까?
  신약

- 예수님의 생애를 기록한 복음서 네 권은 무엇입니까?
  마태복음, 마가복음, 누가복음, 요한복음.

- 성경에 기록된 모든 내용이 사실 그대로임을 믿으십니까?
  네. 모두 다 역사적 사실이요, 앞으로 반드시 일어날 일입니다.

- 성경이 주로 가르치는 것은 무엇입니까? (소요리문답 3문)
  우리가 하나님에 대하여 믿어야 할 것과 하나님께서 사람에게 요구하시는 의무가 무엇인지를 주로 가르칩니다.

삼위일체와 성부 하나님에 관한 질문

- 하나님은 몇 분이십니까? (소요리문답 5-6문)
  오직 한 분이시며 삼위로 계십니다.

- 삼위 하나님의 각 위격은 무엇입니까? (소요리문답 6문)
  성부, 성자, 성령

- 한 분 하나님이 삼위로 계신다는 것을 네 글자로 무엇이라고 합니까?
  삼위일체

- 하나님은 언제부터 계셨습니까?
  영원 전부터 계셨습니다.

- 하나님은 어떤 분이십니까? (소요리문답 4문)
  하나님은 영으로서, 존재와 지혜와 능력과 거룩과 공의와 선하심과 진실하심이 무한하시며 영원하시고 불변하십니다.

- 하나님은 태초에 무엇을 하셨습니까? (소요리문답 9문)
  천지 만물을 창조하셨습니다.

- 하나님은 이 세상을 어떻게 창조하셨습니까? (소요리문답 9문)
  아무것도 없는 데서 말씀으로 창조하셨습니다.

- 이 세상을 창조하신 하나님은 그 이후에는 아무 일도 안 하십니까? (소요리문답 11문)
  아닙니다. 당신이 지으신 피조물과 그 모든 활동을 보존하시며 다스리십니다.

예수님에 관한 질문

- 예수님은 하나님과 어떤 관계이십니까?
  아버지와 아들(아드님)

- 예수님은 이 세상에 어떻게 태어나셨습니까? (소요리문답 22문)
  성령님으로 잉태되셔서 동정녀 마리아에게서 나셨습니다.

- 예수님의 두 본성은 무엇입니까? (소요리문답 21문)
  신성(참 하나님)과 인성(참 사람)

- 하나님과 사람 사이의 유일한 중보자는 누구십니까?
  (소요리문답 21문)
  예수 그리스도

- 예수님의 세 직분은 무엇입니까? (소요리문답 23문)
  선지자, 제사장, 왕

- 예수님께서 이 세상에 오셔서 하신 일 중 아는 것을
  말해 보십시오.
  복음을 전하셨고, 병든 자를 고치셨고, 이적을 행하셨습니다.

- 예수님은 어디에 달려 죽으셨습니까(돌아가셨습니까)?
  십자가

- 예수님은 왜 죽으셨습니까(돌아가셨습니까)?
  나의 죄를 용서하시고 구원하시기 위해서

- 죽으셨던 예수님은 삼 일째에 어떻게 되셨습니까?
  다시 살아나셨습니다. (부활하셨습니다.)

- 예수님의 부활이 실제로 일어난 역사적 사실임을 믿으십니까?
  네

- 부활하신 예수님은 지금 어디에 계십니까?
  하늘로 올라가셔서 전능하신 하나님 아버지의
  오른쪽에 앉아계십니다.

- 예수님께서 언제 다시 오실지 우리가 알 수 있습니까?
  아무도 모릅니다. 오직 하나님만이 아십니다.

사람과 죄에 관한 질문

- 하나님은 사람을 어떻게 창조하셨습니까?
  (소요리문답 10문)
  하나님의 형상을 따라 지식, 의, 거룩함으로 창조하셨습니다.

- 하나님께서 처음 사람을 창조하셨을 때는 어떤 상태였습니까?
  (대요리문답 17문)
  무죄 상태였으니, 하나님과 교제할 수 있었고, 영원히 죽지
  않을 수 있었습니다. 그러나 타락할 수 있는 존재였습니다.

- 아담의 첫 범죄는 무엇입니까?
  (소요리문답 15문)
  먹지 말라고 하신 선악을 알게 하는 나무의 열매를
  먹은 것입니다.

- 첫 사람 아담의 타락으로 사람은 어떤 상태가 되었습니까?
  (소요리문답 17문)
  죄와 비참함의 상태에 이르렀습니다.

- 아담의 죄가 우리에게 전가된 것을 무슨 죄라고 합니까?
  (소요리문답 18문)
  원죄

- 원죄를 가진 우리가 스스로 짓는 죄를 무엇이라고 합니까?
  (소요리문답 18문)
  자범죄

- 죄란 무엇입니까? (소요리문답 14문)
  하나님의 본성과 말씀을 어기거나 그에서 부족하거나 벗어난 모든 것입니다.

- 원죄와 자범죄를 가진 우리 인간의 비참함은 무엇입니까?
  (소요리문답 19문)
  하나님의 영원한 진노 아래 있고, 죽음의 형벌을 받아야만 마땅한 상태가 되었습니다.

- 당신이 죄인이라는 사실을 믿으십니까?
  (사실 그대로 답한다.)

- 이 세상에 죄인이 아닌 사람이 있습니까?
  없습니다. 모든 사람은 죄인입니다.

구원과 믿음에 관한 질문

- 죄를 해결받기 위해서 우리는 어떻게 해야 합니까?
  예수님을 믿어야 합니다.

- 하나님을 믿으십니까?
  (사실 그대로 답한다.)

- 예수 그리스도를 믿으십니까?
  (사실 그대로 답한다.)

- 예수 그리스도가 당신의 주인이심을 믿으십니까?
  (사실 그대로 답한다.)

- 믿음이란 무엇입니까? (소요리문답 86문)
  예수님께서 나의 죄를 구원해 주시기 위해 죽으셨고 다시 살아나셨으며, 그분이 나의 주인이심을 믿고 의지하는 것입니다.

- 회개란 무엇입니까? (소요리문답 87문)
  자신의 죄를 깨닫고, 통회하고, 그 죄에서 돌아서는 것입니다.

- 자신이 하나님 앞에 죄인인 줄 알며 당연히 그분의 진노를 받아야 할 사람이지만 하나님의 크신 자비에 의하여 구원을 얻는 길 외에 소망이 없는 자인 것을 인정합니까?
  (사실 그대로 답한다.)

- 예수님을 믿는 것 외에 다른 방식으로는
  구원에 이르는 길이 없음을 믿으십니까? (소요리문답 21문)
  (사실 그대로 답한다.)

- 예수님을 믿지 못하도록 누군가가 핍박하더라도
  예수님을 부인하지 않고 믿겠습니까?
  (사실 그대로 답한다.)

- 개인의 삶에 환란과 핍박이 있어도 예수님을
  믿으시겠습니까?
  끝까지 낙심하지 않고 주님만을 믿고 따르겠습니다.

- 죄와 비참함의 상태에 있던 사람이 예수님을 믿으면
  어떤 상태가 됩니까? (대요리문답 30문)
  구원 혹은 은혜의 상태에 이르게 됩니다.

- 사도신경을 외워 보시기 바랍니다.
  (아는 대로 해 본다.)

- 주기도문을 외워 보시기 바랍니다.(소요리문답 99문)
  (아는 대로 해 본다.)

- 십계명을 외워 보시기 바랍니다. (소요리문답 41문)
  (아는 대로 해 본다.)

- **요한복음 3장 16절을 외워 보시기 바랍니다.**
  (아는 대로 해 본다.) 하나님이 세상을 이처럼 사랑하사 독생자를 주셨으니 이는 그를 믿는 자마다 멸망하지 않고 영생을 얻게 하려 하심이라

마지막 날에 있을 일에 관한 질문

- **사람이 죽으면 어떻게 됩니까?**
  이 세상에서의 모든 삶이 끝나고, 몸과 영혼이 분리되어 몸은 썩고 영혼은 천국과 지옥에 갑니다.

- **사람이 죽으면 가는 두 장소는 어디와 어디입니까?**
  천국과 지옥입니다.

- **두 장소 외에 다른 곳이 있습니까?**
  없습니다. 천주교는 연옥이 있다고 믿지만, 우리는 그렇게 믿지 않습니다.

- **지옥에 간 사람이 다시 천국에 갈 수 있습니까?**
  없습니다.

- **그리스도인이 죽으면 어떻게 됩니까?**
  그 영혼은 완전히 거룩하게 되어 즉시 영광중에 들어가고, 그 몸은 그리스도의 재림 때까지 무덤에서 쉬게 됩니다.

- 죽은 몸은 나중에 어떻게 됩니까?
  그리스도께서 재림하실 때에 부활하게 되어 천국에 있는 영혼과 결합하여 영원한 안식과 기쁨을 누릴 것입니다.

교회와 신앙생활에 관한 질문

- 교회란 무엇입니까?
  하나님의 부름을 받아 예수 그리스도를 구주로 믿는 성도들이 모여 하나님 앞에 예배하는 공동체입니다.

- 교회의 머리는 누구십니까?
  예수 그리스도

- 교회의 중요한 일은 무엇입니까?
  예배, 교육, 전도, 선교, 교제, 봉사

- 예배란 무엇입니까?
  삼위일체 하나님께 마땅한 경배와 영광을 돌려드리는 일입니다.

- 예배는 어떤 자세로 드려야 합니까?
  경건하게 드려야 합니다.

- 개신교인이 예배드리는 날은 무슨 요일입니까?
  일요일이며, 주일이라고 부릅니다.

- 주일은 어떻게 지켜야 합니까?
  거룩하게 지켜야 하며, 평안한 안식의 날이 되어야 합니다.

- 설교의 내용은 이해가 되고, 유익이 되십니까?
  (사실 그대로 답한다.)

- 기도는 무엇입니까? (소요리문답 98문)
  우리의 소원을 하나님께 드리는 것으로,
  하나님의 뜻에 합당한 것을 간구하는 일입니다.

- 기도의 마지막은 어떻게 마쳐야 합니까?
  예수님의 이름으로 기도합니다. 아멘.

- 평소에 기도는 얼마나 하십니까?
  (사실 그대로 답한다.)

- 평소에 성경은 얼마나 읽으십니까?
  (사실 그대로 답한다.)

- 본 교회의 이름과 담임목사의 이름을 알고 계십니까?
  (사실 그대로 답한다.)

- 본 교회 장로의 이름을 알고 계십니까?
  (사실 그대로 답한다.)

- 목사와 장로, 기타 가르치는 분들의 권면에 순종하십니까?
  (사실 그대로 답한다)

- 본 교회는 어느 교파에 속해 있습니까?
  장로교회입니다.

- 다른 사람에게 복음을 전해 본 일이 있습니까?
  (사실 그대로 답한다.)

- 혹여나 교회에 어려움이 생겼을 때 어떻게 해야 합니까?
  교회를 위해 기도하면서 인내해야 합니다.

- 주일 오전 예배는 잘 참석하십니까?
  (사실 그대로 답한다.)

- 주일 오후(저녁) 예배도 참석하십니까?
  (사실 그대로 답한다.)

- 헌금은 무엇입니까?
  구원받은 성도가 하나님께서 주신 은혜에 감사하여 하나님께 드리는 물질입니다.

- 헌금은 정직하고 성실하게 드리십니까?
  (사실 그대로 답한다.)

- 세례 교인의 의무와 권리는 무엇입니까?
  의무는 공예배 참석, 헌금, 전도, 봉사, 교회의 치리에 복종 등이 있습니다. 권리는 영적 보호를 받을 권리, 성찬에 참여할 권리, 공동의회 회원권, 모든 청구권 등이 있습니다.

생활에 관한 질문

- 사람의 제일 되는 목적은 무엇입니까? (소요리문답 1문)
  하나님께 영광을 돌리고, 그분을 영원토록 즐거워하는 것입니다.

- 기독교 신자는 이 세상에서 어떻게 살아야 한다고 생각하십니까?
  하나님과 예수님의 이름을 더럽히지 않고 세상의 모범이 되어야 합니다.

- 기독교 신자가 어떻게 살아야 하는지에 대해서는 어디에 잘 나와 있습니까? (소요리문답 41문)
  십계명에 요약되어 있습니다.

- 십계명 중 제1계명은 무엇입니까?
  하나님 외에 다른 신을 두지 말라

- 십계명 중 제6계명은 무엇입니까?
  살인하지 말라

- 십계명 중 제7계명은 무엇입니까?
  간음하지 말라

- 술이나 담배는 하십니까?
  (사실 그대로 답한다.)

- 직업은 무엇입니까? 그리스도인으로서 합당하지 못한 직업은 아니십니까?
  (사실 그대로 답한다.)

- 이웃 사랑을 위해 어떤 일을 하십니까?
  (사실 그대로 답한다.)

- 예수님을 믿은 이후 조상제사를 지내거나 점을 치거나 사주팔자를 보는 등의 일을 하십니까?
  (사실 그대로 답한다.)

세례 및 입교와 성찬에 관한 질문

- 세례란 무엇입니까?
  죄 씻음을 받는 표로서, 옛 사람은 죽고 하나님의 자녀로 새 사람이 되었음을 확증하는 것이며, 그리스도의 몸된 교회의 지체가 되는 예식입니다.

- 세례는 무엇으로 행합니까?
  물입니다.

- 세례받은 사람의 의무와 권리는 무엇입니까?
  의무는 다음과 같습니다. 예배에 참석해야 합니다. 헌금생활을 해야 합니다. 복음전도에 힘써야 합니다. 교회 봉사에 힘써야 합니다. 교회의 치리에 순종해야 합니다.
  　권리는 다음과 같습니다. 성찬에 참여할 수 있습니다. 영적 보호를 받을 수 있습니다. 공동의회에 참여하여 직원 선출을 위한 선거권과 피선거권이 있으며, 재정의 예결산 의결에 참여할 수 있습니다.

- 자신이 세례를 받으시기에 적합하다고 생각하십니까?
  (사실 그대로 답한다.)

- 입교란 무엇입니까?
  입교는 유아세례를 받은 사람이 성장하여 자기 스스로 예수 그리스도를 구주로 고백하고 자신의 신앙을 공적으로 나타내는 일입니다.

- 입교인의 의무와 권리는 무엇입니까?
  입교한 이후에는 유아세례 교인 때에 가졌던 의무와 동일한 의무를 행하되, 성찬 참여를 비롯하여 공동의회 회원권 등의 권리를 스스로 행사할 수 있고, 자신의 믿음과 생활에 대해 스스로 책임져야 합니다.

- **성찬은 무엇입니까?**
  예수님께서 친히 제정하신 성례로서, 나를 위해 죽으신 예수님을 기억하며, 하늘의 신령한 은혜를 눈으로 보고 입으로 맛보는 예식입니다.

- **성찬은 무엇과 무엇을 먹고 마십니까?**
  빵과 포도주

- **성찬은 누가 참여할 수 있습니까?**
  세례받은 사람이 참여할 수 있습니다. 단, 수찬정지의 시벌을 받은 경우 참여할 수 없습니다.

2) 서약문

문답에 합격한 사람에 대해서 아래 내용을 하나님과 당회 앞에서 서약하게 합니다. 이후 세례식이 거행될 때 다시 한번 더 하나님과 회중 앞에서 서약하게 합니다.

※ 다음 내용은 대한예수교장로회 고신 총회 헌법(2023년판) 예배 제6장 제25조 세례식과 제7장 공적 신앙고백 제30조 입교식 부분에 실려 있는 것입니다.

세례 서약문

1. 여러분(그대)은 자신이 하나님 앞에 죄인인 줄 알며 당연히 그분의 진노를 받아야 할 사람이지만 하나님의 크신 자비에 의하여 구원을 얻는 길 외에 소망이 없는 자인 것을 인정합니까?

2. 여러분(그대)은 주 예수 그리스도가 하나님의 아드님이심과 죄인의 구주이심을 믿으며 복음에 말한 바와 같이 구원하실 이는 오직 예수 그리스도 한 분뿐인 줄 알아 그분을 영접하고 그분에게만 의지하기로 서약합니까?

3. 여러분(그대)은 지금 성령님의 은혜만을 의지하고 그리스도를 따르는 자가 되어 모든 죄를 버리고 그분의 가르침과 모범을 따라서 살기로 서약합니까?

4. 여러분(그대)은 본 장로회 교리표준인 웨스트민스터 신앙고백서, 대요리문답과 소요리문답이 구약과 신약 성경에서 교훈한 도리를 총괄한 것으로 알고 성실한 마음으로 계속해서 배우고 믿고 따를 것을 서약합니까?

5. 여러분(그대)은 이제부터 교회의 관할과 치리에 복종하고 성결과 화평을 이루도록 노력하기로 서약합니까?

입교 서약문

1. 여러분(그대)은 어렸을 때 부모의 신앙고백과 서약으로 세례를 받았는데 이제는 그 고백과 서약을 여러분 자신의 것으로 삼고 성실히 지키기로 서약합니까?

2. 여러분(그대)은 자신이 하나님 앞에 죄인인 것과, 당연히 하나님의 진노를 받아야 하지만 하나님의 큰 자비에 의하여 구원 얻는 길 외에는 소망이 없는 자인 것을 인정합니까?

3. 여러분(그대)은 주 예수 그리스도가 하나님의 아드님이심과 죄인의 구주이심을 믿으며 복음에 말한 바와 같이 구원하실 이는 오직 예수 그리스도 한 분뿐인 줄 알아 그분을 영접하고 그분에게만 의지하기로 서약합니까?

4. 여러분(그대)은 지금 성령님의 은혜만을 의지하고 그리스도를 따르는 자가 되어 모든 죄를 버리고 그분의 가르침과 모범을 따라서 살기로 서약합니까?

5. 여러분(그대)은 이제부터 교회의 관할과 치리에 복종하고 성결과 화평을 이루도록 노력하기로 서약합니까?

※ 위의 서약으로 충분하지 않을 때는 다음 내용을 적절히 추가할 수 있습니다.

1. 여러분(그대)은 한분 하나님께서 성부 성자 성령 삼위로 존재하시며, 이 세상을 창조하신 분이심을 믿습니까?
2. 여러분(그대)은 당신을 구원하실 예수 그리스도께서 성령으로 잉태되셨고 동정녀 마리아에게서 나신 참 하나님이시오 참 사람이시며, 하나님과 사람 사이의 유일한 중보자임을 믿습니까?
3. 여러분(그대)은 예수 그리스도를 믿고 의지하며, 그분을 통해 당신의 모든 죄가 씻겨졌음을 믿으십니까?
4. 여러분(그대)은 구약과 신약의 성경이 하나님의 말씀이며, 신앙과 행위의 유일한 규칙임을 믿고, 그 말씀에 순종하며 살기로 다짐하십니까?

※ 헌법과 예식서에는 없지만, 회중에게 다음과 같은 서약을 하게 할 수 있습니다.

회중에게 받는 서약

여러분들은 오늘 세례를 받는 OOO 씨를

대한예수교장로회 OO교회의 세례(입)교인으로 받아,

사랑으로 환영하며 교회의 한 지체로 여기며

성도의 깊은 교제를 나누며,

서로 돌아보고 권면하고 격려하여

교회의 거룩과 화평에 힘쓰고,

함께 한 교회를 이루어 가기로 서약하십니까?

4장

세례 · 입교 교육 해설서

세례식과 입교식은 어떻게 시행합니까?

4장 세례식과 입교식은 어떻게 시행합니까?

1. 세례식과 입교식은 어떻게 시행합니까?

세례 문답을 하고 나면 당회는 세례받을 사람을 확정합니다. 대상자에게 그 사실을 알리고 세례받을 준비를 하도록 합니다. 대상자는 세례식에 임하기까지 경건에 힘씁니다.

당회는 세례식의 날짜와 집례자를 정합니다. 당회 문답 바로 다음날 세례식을 거행하는 경우가 있는데, 그렇게 하기보다는 당회 문답 후 1-2주 정도 세례받을 준비를 하게 합니다. 초대교회는 세례를 받는 사람인 수세자(受洗者)는 물론이고 세례를 베푸는 사람 곧 집례자(執禮者)와 온 교우들도 세례식이 있기 하루 전이나 이틀 전에 금식하는 관행이 있었습니다. 이 관행은 곧 사라지고 수세자만 금식하는 관행으로 바뀌었습니다.[108] 오늘날에는 이런 전

---

108 정양모 역주, 『열두 사도들의 가르침: 디다케』 (칠곡: 분도출판사, 1993), 57.

통이 없지만, 의무사항은 아니라 하더라도 금식할 수 있으면 하게 하는 것도 나쁘지 않습니다. 금식이 아니더라도 모두가 마음으로 준비케 하는 것은 유익합니다.

세례식 날짜와 대상자를 최소한 1주일 이전에 교회 앞에 광고합니다. 늦어도 1주일 전이지만, 그보다 더 이전에 광고하는 것이 더욱 좋습니다. 이렇게 하여 대상자와 온 회중이 세례식을 준비케 합니다. 회중은 누가 세례받을지를 미리 알고, 그들을 축하할 방법도 미리 준비합니다.

세례식 당일, 세례 대상자는 몸과 마음을 가지런히 하여 예배에 임합니다.

당회와 목사는 세례에 사용할 물이 담긴 그릇(세례반)을 준비합니다. 그릇에 물을 충분히 준비합니다. 개혁교회는 강단에 설교단(說敎壇, the pulpit)과 세례반(洗禮盤, the font), 성찬상(聖餐床, the table)을 함께 비치합니다. 이는 언제든지 말씀이 선포되고 세례가 시행되며 성찬을 베풀 준비를 하기 위함입니다.[109]

세례식은 예배 중에 설교 다음 순서에 거행합니다. 예배 순서 중에 성례는 설교 다음에 오는 것이 바람직합니다.[110]

세례식을 시작할 때 집례자는 세례식 시작을 알리고, 온 회중이

---

109 D. G. 하트 외, 『개혁주의 예배신학: 개혁주의 예배의 토대로 돌아가기』, 김상구 외 2인 역 (서울: P&R, 2009), 169; 손재익, 『특강 예배모범』 (서울: 흑곰북스, 2018), 365-67.
110 고신 총회, 『헌법해설』, 제1부 제5장 제53문; 손재익, 『특강 예배모범』, 197.

앞을 바라보게 합니다. 세례 대상자만 아니라 이미 세례를 받은 회중들도 엄숙하게 참여케 하여 증인으로서 역할을 하게 합니다. 또한 자신이 세례받았을 때를 기억하며 세례를 향상시키도록 합니다. 세례는 받는 순간에만 역사하지 않고 일평생 역사하며 특히 다른 사람이 세례받는 장면을 지켜볼 때도 역사하기 때문입니다 (대요리문답 167문답).

집례자는 대상자의 이름을 불러 확인합니다. 앉은 자리에서 일어서게 하거나 앞으로 나오게 합니다. 집례자는 대상자가 누구인지를 회중에게 소개하는 것도 좋습니다.

집례자는 마태복음 28장 19-20절, 로마서 6장 3-5절, 골로새서 2장 12절 중 하나를 읽음으로 세례 제정의 말씀을 선포합니다. 세례 제정 말씀은 성례로서 세례가 바르게 시행되는 데 필수 요소입니다.[111] 이어서 세례의 의미를 설명합니다.

세례 대상자로 하여금 하나님과 당회 앞에서 했던 서약을 하나님과 회중 앞에서 하게 합니다. 이때 각 항목에 대해 "아멘"으로 답하게 합니다. 세례 대상자의 서약 외에 회중들을 위한 서약도 할 수 있습니다.

서약을 마치면 세례 대상자를 세례반 앞으로 나오게 합니다. 집례자인 목사는 "주 예수 그리스도를 믿는 OOO 씨에게 내가 성부와 성자와 성령의 이름으로 세례를 주노라. 아멘"이라는 말씀

---

111 참조. 머레이, 『조직신학 Ⅱ』, 385.

과 함께 세례받는 사람의 머리 위에 물을 한 번 혹은 세 번 부음으로 세례를 베풉니다. 세 번 붓는 경우에는 성부의 이름을 부를 때 한 번, 성자의 이름을 부를 때, 성령의 이름을 부를 때 한 번씩 각각 붓습니다.

입교인의 경우 서약만 하고 세례 베푸는 과정을 생략합니다.

세례를 다 베푼 뒤에 세례 및 입교 대상자로 하여금 회중을 바라보게 한 뒤, 감사기도를 드린 뒤, 다음과 같이 공포합니다. "OOO씨는 대한예수교장로회 OO교회의 세례 교인(입교인) 된 것을 내가 성부와 성자와 성령의 이름으로 공포하노라. 아멘" 공포한 뒤 자리에 앉히고 온 회중이 감사 찬송을 부릅니다.

세례식이 있는 날에는 성찬식도 함께 준비합니다. 그리고 당일 세례를 받은 사람과 입교한 사람이 성찬에 가장 먼저 참여하도록 합니다.[112]

이 모든 과정은 엄숙하되 기쁨의 잔치가 되도록 합니다. 그리하여 수세자만 아니라 온 회중에게 기억되는 날이 되도록 합니다.

세례를 받는다는 것은 교회의 회원이 된다는 것으로 교회 공동체의 일원이 된다는 것입니다. 그러므로 세례를 받는 사람뿐만 아니라 그 사람을 회원으로 받는 교회 공동체의 책임이 있습니다.

---

[112] 유럽의 개혁교회에서는 공적 신앙고백(입교)을 한 사람이 참여하는 첫 성찬 때에는 가장 먼저 성찬에 참여토록 하여 그 즐거움을 함께 나누는 전통이 있습니다. 김헌수, 『영원한 언약: 유아세례 예식문 해설』 (서울: 성약, 2014), 232.

이미 세례를 받아 교회가 된 회중들은 새롭게 교회의 회원이 된 사람이 세례 때에 서약한 대로 믿음과 생활을 이어갈 수 있도록 도와주어야 합니다. 이 사실을 대한예수교장로회 고신 총회가 발행한 헌법해설서에서 "목사는 언약백성의 표식을 가지고 회중에게 서로 헌신할 것과 세례를 통해서 언약 안으로 들어오는 자를 참된 가족으로 맞이하여 사랑하고 돌보아야 하는 책임을 부여할 수 있다"라고 설명합니다.[113] 또한 통합 총회 헌법(2023년판) 제4편 예배와 예식의 2-2-2-7에는 다음과 같이 잘 설명하고 있습니다.

> **대한예수교 장로회(통합) 헌법(2023년판)**
> **제4편 예배와 예식 제2장 예배의 기본 요소**
>
> **2-2. 성례전**
> 2-2-2. 세례 성례전
> 2-2-2-7. 회중들은 전 세계 교회를 대신하여 세례자들이 그리스도인의 생활을 영위하도록 기도와 사랑으로 도와야 할 책임이 있다. 유아세례의 경우도 부모는 수세자가 성장하여 자신의 신앙을 고백할 때까지 신앙공동체 안에서 양육과 지도의 책임을 진다.

그러므로 집례자와 당회는 회중에게도 책임이 있다는 사실을 알려주어야 합니다.[114]

113　고신 총회, 『헌법해설』, 제1부 제5장 61문답.
114　고신 총회, 『헌법해설』, 제1부 제5장 61문답.

세례식과 입교식이 모두 마치면 당회는 세례 교인 명부에 이름과 날짜를 기록합니다.

> ### 대요리문답
>
> **167문 : 우리의 세례를 우리가 어떻게 향상시킬 수 있습니까?**
>
> 답 : 우리가 받은 세례를 향상시켜야 할 의무는, 꼭 필요하지만 매우 소홀히 해 왔습니다. 이것은 우리가 평생에 걸쳐 행해야 할 것인데, 특별히 시험을 당할 때와 다른 사람들이 세례받는 자리에 참석했을 때에 해야 합니다(골 2:11, 12; 롬 6:4, 6, 11). 세례의 본질과 그리스도께서 그것을 제정하신 목적과 세례에 의해 우리에게 주어지고 보증된 특권과 혜택, 세례 시에 행한 우리의 엄숙한 서약 등을 신중하면서도 감사히 생각함으로써 해야 합니다(롬 6:3-5). 우리의 죄악 된 더러움과 세례의 은혜와 우리의 맹세에 못 미치고 역행하는 것으로 인해 겸손함으로써 하고(고전 1:11-13; 롬 6:2, 3), 그 성례 안에서 우리에게 보증된 죄 사함과 다른 모든 복에 대한 확신에 이르기까지 성숙함으로써 해야 합니다(롬 4:11, 12; 벧전 3:21). 우리가 그리스도와 합하여 세례를 받음으로써 그의 죽음과 부활에서 힘을 얻고, 죄를 무력하게 하며, 은혜를 소생시킴으로써 하고(롬 6:3-5), 믿음으로 살기를 힘쓰며(갈 3:26, 27), 그리스도에게 자기들의 이름들을 바친 자들로서(행 2:38), 거룩함과 의로운 생활을 하고(롬 6:22), 같은 성령으로 세례를 받아 한 몸을 이룬 자들로서 형제의 사랑으로 행하기를 노력함으로써 할 것입니다(고전 12:13, 25, 26, 27).

2. 세례식과 입교식 때 누가 서약합니까?

세례는 은혜 언약을 나타내는 것으로 언약은 하나님과 그 백성이 맺는 것입니다. 언약은 원래 하나님 주도적입니다. '언약'을 뜻하는 히브리어 '베리트'는 '쌍방 간에 자발적으로 이루어지는 합의'라는 뜻과 '어느 한 편이 다른 편에게 부과하는 약정'이라는 뜻을 모두 갖고 있는데, 성경에서 '언약'은 하나님과 사람 사이에 있는 것으로 하나님과 사람은 동등한 입장이 아닙니다. 하나님은 자신의 법령을 인간에게 부과하시는 주권자이십니다.[115] 하나님과 인간의 언약은 계약(契約)처럼 동등한 입장에서 맺는 것이 아닙니다. 그렇기에 성경에 나오는 '행위 언약'과 '은혜 언약'은 그 기원에 있어서 모두 일방적이며, 하나님이 제정하신 약정의 성격을 띱니다.[116]

그러나 언약이 체결되는 순간 쌍무적(雙務的)입니다.[117] 언약은 발생의 측면에서 하나님의 일방적(一方的, monopleuric, unilateral) 규정이지만, 그 존속에 있어서는 쌍방적(雙方的, dipleuric, bilateral)입니다.[118] 이런 이유로 언약은 항상 책임이 뒤따릅니다.

세례 역시 마찬가지입니다. 그래서 세례 시에 서약(맹세)이 필요합니다. 이때의 서약에 대해서는 신앙고백서 제22장이 '합법적인

---

115 벌코프, 『조직신학 (상)』, 485.
116 벌코프, 『조직신학 (상)』, 487.
117 쌍무(雙務): 계약 당사자 쌍방이 서로 의무를 짐. 쌍무(雙務)의 반대말은 편무(偏務).
118 유해무, 『개혁교의학』, 241.

맹세(서약)와 서원에 관하여'라는 제목으로 다루고 있습니다.

세례받는 사람이 서약해야 합니다. 또한 세례식에 참여한 회중도 참여할 수 있습니다. 왜냐하면 세례받는 사람을 언약의 가족으로 맞이하는 주체이기 때문입니다.[119]

이때의 서약은 하나님의 이름으로 행하는 것이므로 신중하고도 진심으로 해야 합니다. 그렇지 않으면 제3계명을 어기는 일이 됩니다(레 19:12; 신 6:13; 대요리문답 112-113문답; 하이델베르크 요리문답 99-100문답).[120]

3. 세례는 누가 베풀 수 있습니까?[121]

세례는 아무나 베풀 수 없습니다. 세례는 사사로운 개인이 시행할 수 있는 것이 아닙니다.[122] 반드시 합법적으로 임직받은 목사가 베풀어야 합니다. 강도사나 장로도 세례를 베풀 수 없습니다.[123]

원칙상 목사조차도 사사롭게 베풀 수 없습니다. 당회의 결의에 따라 목사가 베푸는 것이지 개인 자격으로 시행할 수 없습니다.

---

119 고신 총회, 『헌법해설』, 제1부 제5장 제61문.
120 손재익, 『십계명, 언약의 10가지 말씀』, 144-54.
121 웨스트민스터 신앙고백서 제27장 4절, 제28장 2절; 웨스트민스터 예배모범; 고신 총회, 『교회헌법』(2023년판), 예배 제6장 제25조 1항; 통합 총회 『헌법』(2023년판), 제4편 예배와 예식 2-2-1-3; 손재익, 『특강 예배모범』, 220.
122 『기독교 강요』, 4권 15장 20절. 침례 이외의 세례 방식과 유아세례에 대해 지나치게 거부 반응을 보이는 침례교주의자인 그루뎀은 세례를 베푸는 자에 대한 견해에 있어서도 일반적이지 않습니다. 그루뎀, 『조직신학 (하)』, 218-19.
123 핫지, 『교회정치 문답조례』, 제156문답

당회가 없는 미조직교회는 당회장의 허락을 따라 목사가 베풀 수 있고, 목사가 없는 궐위교회는 당회장이나 기타 목사의 파송을 받아 베풀어야 합니다.

개체교회에 시무목사가 1명인 경우 그 목사가 집례하지만, 목사가 여럿 있는 경우 집례자를 선정할 수 있습니다. 관례상 담임목사가 베풀지만, 부목사도 얼마든지 베풀 수 있습니다.

목사 사역자가 아닌 자, 특히 여성 선교사가 선교지에서 복음을 전하다가 세례를 베풀어야 할 경우에도 목사를 청하여 베풀어야 합니다. 고신 총회는 제57회 총회(2007년)에서 여성 선교사의 한시적 세례권 부여 청원 건은 헌법상 불가한 것으로 가결하였으며, 제65회 총회(2015년)에서 동일한 내용에 대해 제57회 총회의 결정에 따르도록 가결하였습니다.

목사만 세례를 베풀 수 있다고 해서 집례자의 경건이나 의도에 의해 효력이 나타나는 것은 아닙니다(신앙고백서 제27장 3절). 집례자에게 권위 있는 것이 아니라 삼위 하나님의 이름으로 받는 것이 중요합니다(마 28:19).[124]

로마가톨릭의 경우, 주교나 사제 이외에 부제, 심지어는 세례받지 않은 사람, 특별한 경우에는 불신자까지도 세례 집전에 요구되는 의도를 가지고 있는 사람이면 누구나 세례를 줄 수 있다고 합니다.[125] 생명이 위급한 응급상황의 경우에 그렇게 할 수 있다고 보는

124　유해무, 『개혁교의학』, 516; 『기독교강요』, 4권 15장 16절.
125　『가톨릭 교회 교리서』, 1256, 1284항.

데, 이런 생각은 세례 중생론에서 비롯된 것입니다. 그러나 우리는 세례 중생론을 따르지 않습니다(신앙고백서 제28장 5절).

신앙고백서

제27장 성례에 관하여

4. 복음시대에는 우리 주 그리스도께서 제정하신 두 가지의 성례만 있으니, 세례와 주의 만찬이다. 둘 중 어느 것도 아무나 베풀 수 없고, 합법적으로 임직 받은 말씀 사역자만 집행할 수 있다(마 28:19; 고전 11:20, 23; 4:1; 히 5:4).

제28장 세례에 관하여

2. 이 성례에 사용되는 외적인 요소는 물이며, 합법적으로 부름 받은 복음 사역자에 의해 성부와 성자와 성령의 이름으로 세례를 베푼다(마 3:11; 요 1:33; 마 28:19, 20).

대요리문답

176문 : 세례와 주님의 만찬의 성례는 어떠한 점에서 일치합니까?

답 : 세례와 주님의 만찬의 성례가 일치하는 것은 두 가지 모두 창시자가 하나님이시며(마 28:19; 고전 11:23), 둘의 영적 측면이 그리스도와 그의 혜택이며(롬 6:3, 4; 고전 10:16), 둘 다 같은 언약의 인침(seals)이며(롬 4:11; 골 2:12; 마 26:27, 28), 둘 다 복음 사역자들에 의해 시행되고, 그 밖의 누구에 의해서도 시행될 수 없다는 것과(요 1:38; 마 28:19; 고전 11:23; 4:1; 히 5:4) 주님께서 재

> 림하실 때까지 그리스도의 교회에서 계속 되어야 한다는 것입니다(마 28:19, 20; 고전 11:26).

4. 세례는 어디에서 베풀어야 합니까?[126]

세례식은 교회의 회원을 받는 예식이며, 그리스도의 몸인 교회의 성도된 자들과의 연합을 이루는 시간입니다(고전 12:13). 그러므로 온 교회가 참여한 예배 자리에서 베풀어야 합니다.

세례 서약은 세례받는 당사자도 하지만, 그 교회에 속한 회중 전체도 합니다. 또한 회중은 세례의 증인으로 참여합니다. 그러므로 온 교회가 참여한 자리에서 베풀어야 합니다.

이미 세례를 받은 사람에게도 세례식은 중요합니다. 왜냐하면 이미 세례받은 사람은 다른 사람이 세례를 받는 모습을 지켜봄으로써 자기가 받은 세례를 생각하고 향상시켜야 하기 때문입니다(대요리문답 167문답). 그러므로 온 교회가 참여한 자리에서 베풀어야 합니다.

특별히 예외적인 상황이 아니라면 수요기도회, 새벽기도회 등 소수가 참여한 시간보다는 주일 오전예배 시간에 하는 것이 바람직합니다. 고려신학대학원에서 은퇴한 유해무 교수에 따르면 심

---

[126] 웨스트민스터 예배모범; 고신 총회, 『교회헌법』(2023년판), 예배 제6장 제25조 3항; 통합 총회 『헌법』 (2023년판), 제4편 예배와 예식 2-2-2-2; 손재익, 『특강 예배모범』, 213-14.

지어 병상에서 세례를 베푸는 것도 금해야 합니다.[127]

세례는 개인적인 일이 아니라 교회의 규례이기 때문에 신자들이 공적으로 모인 장소에서 시행되어야 합니다.[128]

5. 세례는 무엇으로 베풀어야 합니까?
   (신앙고백서 28장 2절)

세례는 평범한 물로 베풀어야 합니다. 왜 물을 사용할까요? 성경(참조. 행 8:36; 10:47; 벧전 3:21)에서 말씀하기 때문입니다.

그렇다면 왜 성경은 물로 하라고 명령합니까? 그 이유는 세례는 '씻음'을 상징하는 일인데, 물이 곧 씻음을 상징하기 때문입니다.

세례라는 말의 원어인 '밥토'(βάπτω)와 '밥티조'(βαπτίζω)는 '씻다, 목욕하다, 씻음으로써 정결케 하다' 등의 의미가 있습니다(마 15:2; 눅 11:38; 막 7:3-4). 세례(洗禮)라는 한자어에도 '씻다'(洗)라는 의미가 포함되어 있습니다. 이처럼 세례는 '씻음'과 관련이 있는데(히 9:10; 레 8:5-6; 14:8-9), 이 '씻음'을 잘 드러내기 위해서 '물'을 사용합니다. 물이 몸의 더러운 것을 씻는 것처럼, 물을 통하여 우리의 죄가 씻음 받았다는 사실을 드러냅니다.

---

127 유해무, 『헌법해설』, 161.
128 벌코프, 『조직신학 (하)』, 894. "세례는 통상 교회당 안에서 모든 회중을 증인으로 하고 베풀어야 한다." 고신 총회 『헌법』(1992년판), 예배지침 제5장 성례 제21조 세례식 3항 세례의 장소

물은 세례의 의미를 드러내는 가장 좋은 재료입니다.[129] 물은 그리스도의 깨끗케 하심과 성령의 거듭나게 하심을 의미합니다. 그 외에 다른 것을 사용하거나, 물을 사용하지 않는 것은 성경적이지 않습니다.

어느 교회에서는 물 세례보다 성령 세례가 더 중요하다는 이유로, 어느 교회에서는 시간이 부족하다는 이유로, 물 없이 머리에 손을 얹는 행위만으로 세례식을 거행하기도 하는데, 이는 성경적이지 않습니다.

세례를 베풀 때 물로 해야 한다는 사실은 교회 역사를 통해서도 생각해 볼 수 있습니다. 교회 역사에서 어떤 이들은 물로 세례를 주는 것을 비천하게 여기고 양초, 기름, 침, 제마의식(exorcism), 소금 등을 사용했습니다.[130] 칼뱅은 이러한 행위를 아주 강하게 비판했습니다.[131] 우리 역시 이러한 방식은 전혀 성경적이지 않으므로 배격합니다.[132] 성경의 가르침을 따라 물로 베풀어야 합니다.

그러면서도 우리는 이때의 물이 평범한 물이라는 사실을 기억하며 물은 표이며, 그것이 상징하는 실체와 구분할 필요가 있음을 기억해야 합니다(신앙고백서 제27장 2절). 왜냐하면 로마가톨릭교회는 세례를 위한 물을 구별해야 할 필요가 있다고 생각하여

---

129 손재익, 『벨기에 신앙고백서 강해』, 425.
130 『기독교 강요』, 4권 15장 19절; 우르시누스, 『하이델베르크 요리문답해설』, 588.
131 『기독교 강요』, 4권 15장 19절.
132 손재익, 『특강 예배모범』, 221.

세례식이 있기 전에 미리 성별할 필요가 있다고 생각했습니다. 그렇게 성별한 물을 가리켜 성수(聖水)라고 불렀으며, 깨끗하고 품위 있는 그릇에 담긴 깨끗한 자연수를 사용해야 한다고 보았습니다. 이러한 생각은 잘못입니다. 종교개혁자로서 존경받아 마땅하지만, 그럼에도 한계가 분명히 있는 마르틴 루터는 세례 시에 사용되는 물을 보통의 물로 생각하지 않았습니다. 신적인 권능을 가진 말씀을 통해 은혜로운 생명의 물, 중생의 씻음이 된 물이라고 생각했습니다.[133] 이러한 생각은 잘못입니다.

　물 자체가 중요한 것이 아닙니다. 물 자체가 우리를 씻는 것이 아닙니다. 물 자체가 우리를 구원하는 것이 아닙니다. 세례의 효과는 물이 표하는 실체에서 비롯됩니다(신앙고백서 제27장 2절). 그러므로 물 자체에 깨끗하게 하며 거듭나게 하며 새롭게 하는 힘이 있거나 구원의 원인이 있는 것이 아닙니다(엡 5:26; 딛 3:5).[134] 물이라는 상징이 중요하긴 하지만 물로 세례받는 것이 아니라 삼위 하나님의 이름으로 세례를 받습니다.[135] 우리는 다만 그리스도께서 하라고 하신 방식대로 베풀 뿐입니다.

　세례는 반드시 성경의 가르침을 따라 물로 베풀어야 합니다. 물을 사용하지 않거나 물이 아닌 다른 것을 사용해서는 안 됩니다. 물은 전 세계 어느 곳이든 사람이 있는 곳이라면 존재하므로 물

133　벌코프, 『조직신학 (하)』, 889.
134　『기독교 강요』, 4권 15장 2절.
135　에드먼드 클라우니, 『교회』, 황영철 역 (서울: IVP, 1998), 310.

이 없어서 다른 것을 사용한다는 핑계도 바람직하지 않습니다.[136]

> **신앙고백서**
>
> **제27장 성례에 관하여**
>   2. 모든 성례는 표(sign)와 표하는 실체(thing signified) 사이에 영적 관계, 즉 성례전적 연합(sacramental union)이 있다. 그리하여 그 표의 이름과 효과는 그 표하는 실체에서 비롯된다(창 17:10; 마 26:27-28; 딛 3:5).
>
> **제28장 세례에 관하여**
>   2. 이 성례에 사용되는 외적인 요소는 물이며, 합법적으로 부름 받은 복음 사역자에 의해 성부와 성자와 성령의 이름으로 세례를 베푼다(마 3:11; 요 1:33; 마 28:19, 20).

6. 세례는 어떤 방식으로 베풀어야 합니까? (신앙고백서 제28장 3절)

세례를 베푸는 방식(mode of baptism)은 크게 세 가지입니다. 붓는 방식, 뿌리는 방식, 잠기게 하는 방식입니다. 각각 관수(灌水, pouring water), 쇄수(灑水, sprinkling water), 침수(浸水, dipping water)라고 합니다.

---

136 손재익, 『벨기에 신앙고백서 강해』, 426.

장로교회는 어떤 방식을 사용하든 상관없다는 입장입니다. 즉 붓거나 뿌리거나 잠기게 하거나 어떤 방식이든 집례자와 당회가 적절한 방식을 택할 수 있습니다.[137] 방식 자체가 본질적인 것은 아니기 때문입니다.

칼뱅은 "세례받는 사람을 물에 완전히 잠그느냐, 세 번 잠그느냐, 한 번만 잠그느냐, 물을 뿌리기만 하느냐 하는 점은 중요한 것이 아니다. 나라에 따라 교회가 자유롭게 선택하도록 하는 것이 옳다"라고 했습니다.[138]

반면, 침례교는 그 명칭에 나타난 대로 오직 침례(only-immersion)를 주장합니다. 그들은 물에 잠기게 하는 방식으로 베푸는 침례만이 유일한 세례 방식이라고 주장하며 오직 침례주의를 따릅니다. 다른 방식으로 베푼 세례를 인정하지 않습니다. 오늘날의 온건한 침례교 신학자들은 침례로 행한 세례만이 세례의 유일하게 타당한 방식(the only valid form of baptism)이라고 할 수는 없다는 것을 인정하기도 합니다. 그러면서도 침례가 세례의 의미를 가장 온전하게 보존하고 성취하는 세례 형태라고 주장합니다.[139]

침례주의자들이 침례만을 유일한 방식으로 생각하는 이유는 세례라는 말의 원어인 '밥토'(βάπτω)라는 단어가 '물에 담근다'

---

137 『기독교 강요』, 4권 15장 19절; 벌코프, 『조직신학 (하)』, 891; 머레이, 『조직신학 Ⅱ』, 387.
138 『기독교 강요』, 4권 15장 19절.
139 이승구, 『하이델베르크 요리문답 강해 Ⅱ』, 161-162.

라는 뜻만 갖고 있다는 생각에서 비롯되었습니다.[140] 또한 그들은 침수를 통한 세례라는 방식만이 예수 그리스도의 죽음과 부활에 참여하는 것을 상징한다고 봅니다. 침례주의자들은 그리스도의 죽으심과 장사하심, 부활을 통한 그리스도와의 연합에 대한 상징(롬 6:4, 6; 골 2:12)은 침례를 요구한다고 주장합니다.[141] 그들은 침례받는 사람이 물속으로 들어가는 것은 무덤 속으로 들어가 장사되는 모습을 연상시키며, 물속에서 나오는 것은 새 생명 안에서 행하도록 그리스도와 함께 일으킨 바 된 모습을 연상케 하므로 침례가 가장 적합하다고 봅니다. 그 외에 물을 뿌리거나 부어서 세례는 주는 것은 옛사람에 대하여 죽고, 새사람에 대하여 사는 모습을 분명히 보여주지 못한다고 봅니다. 그들은 참된 세례의 개념이 물속에 내려갔다가 다시 올라오는 방식을 통하여 표현된다고 봅니다.[142] 그래서 이 방식을 포기하는 것은 세례 자체를 포기하는 것이라고 생각합니다.[143] 침례교는 주님께서 침수를 통한 세례를 명령하셨기 때문에 다른 방법으로 세례를 시행하는 자는 그의 권위에 노골적으로 불순종하는 것이라고 말합니다.

하지만 성경은 세례의 방식에 대해 '물로 세례를 베푼다'는 것

---

140 "그러나 이제는 그렇게 생각하지는 않는다" 벌코프, 『조직신학 (하)』, 892; Fesko, *Word, Water, and Spirit*, 331-32.
141 그루뎀, 『조직신학 (하)』, 196; Reymond, *A New Systematic Theology of the Christian Faith*, 930.
142 그루뎀, 『조직신학 (하)』, 197.
143 벌코프, 『조직신학 (하)』, 890; 이승구, 『하이델베르크 요리문답 강해 Ⅱ』, 160. 이를 강조하는 대표적인 인물로는 비슬리-머레이가 있습니다. G. R. Beasley-Murray, *Baptism in the New Testament* (London: Macmillan, 1962), 133. 이에 대한 주해적 반론으로 J. Murray, *Christian Baptism* (Phillipsburg: P&R, 1980)이 있습니다.

외에 다른 구체적인 언급을 하지 않습니다. 성경은 그 어디에서도 효력을 일으키는 특별한 방식을 지시한 적이 없습니다. 예수님께서도 어떤 특정한 세례의 양식을 지시하지 않으셨습니다.[144] 성경 시대에 어떤 방식으로 세례가 베풀어졌는지는 당시의 정황에 비추어 짐작해 볼 수 있을 뿐입니다.[145] 신약성경이 어느 곳에서도 이 점을 강조하지 않는 사실을 고려할 때, 세례의 방식이 세례의 본질을 구성하는 것은 아닙니다.[146] 교회 역사에 보면 침례가 행해진 적도 있지만, 북방 추운 지방의 신자들은 주로 뿌리는 방식을 사용했습니다.[147]

침례교도들에 의하면 초대교회의 일반적인 관례는 침례였다고 합니다. 하지만 그들의 주장과는 달리 초대교회의 문서인 『디다케(Didache)』의 규정을 보면 초대교회는 상황에 따라 적절히 세례를 할 수 있는 자유가 허용되었습니다. 『디다케』 7장에 보면 "이것이 세례를 주는 방식이다. 이 모든 사실을 먼저 공적으로 선포한 다음에, 흐르는 물에 성부와 성자와 성령의 이름으로 세례를 주어라. 만일 흐르는 물이 없으면, 다른 방식으로 세례를 주어라. 만일 찬 물이 없으면, 따뜻한 물로 주어도 무방하다. 만일 둘 다 충분히 없으면, 성부와 성자와 성령의 이름으로 머리에 세 번 물을 부어라…"라고 되어 있습니다.[148] 이에 따르면 침례를 할 수 없는 경

---

144 벌코프, 『조직신학 (하)』, 891; 레이몬드, 『최신 조직신학』, 1171-77.
145 이승구, 『하이델베르크 요리문답 강해 Ⅱ』, 158.
146 벌코프, 『조직신학 (하)』, 894.
147 우르시누스, 『하이델베르크 요리문답해설』, 579.
148 『열두 사도들의 가르침: 디다케』, 54-57.

우에는 물을 뿌려서 세례를 주는 관수식(affusion)도 허용하고 있습니다. 그러므로 세례는 항상 침례의 방식으로 행해야만 바르게 시행된 것이라고 할 수 없습니다.[149]

그래서 개혁주의 교회는 '오직 침례'(only-immersion)를 거부합니다. 장로교회는 반드시 침례여야 할 필요도 없고, 반드시 침례가 아니어야 할 필요도 없다고 봅니다.[150]

장로교회가 침수 방식으로 세례 베풀면 안 된다는 오해를 하는 경우가 있는데 그렇지 않습니다. 장로교회는 침수를 통한 방식의 세례를 반대하지 않습니다. 미국 북장로교 1834년 총회는 "장로교회 목사가 침례로 세례를 베푸는 것이 합당한가?"라는 질문에 "신앙고백에 위배되지는 않는다"라고 답했습니다.[151] 장로교회가 침례를 거부할 필요는 없습니다.[152]

신앙고백서

제28장 세례에 관하여
3. 세례받는 사람을 물속에 잠글 필요는 없으며, 물을 붓거나 뿌림으로 세례를 바르게 시행한다(히 9:10, 19-22; 행 2:41; 16:33; 막 7:4)

---

149 이승구, 『하이델베르크 요리문답 강해 Ⅱ』, 161.
150 벌코프, 『조직신학 (하)』, 890-91; 유해무, 『개혁교의학』, 519; Williamson, *The Westminster Confession of Faith*, 273.
151 핫지, 『교회정치 문답조례』, 제7장 제166문.
152 유해무, 『개혁교의학』, 519.

부록

세례 · 입교 교육 해설서

1. 성례와 세례에 대한 개혁주의 신앙고백서와 요리문답의 가르침

「웨스트민스터 신앙고백서」

제27장 성례에 관하여

1. 성례는 은혜언약의 거룩한 표(signs)와 인(seals)이며(롬 4:11; 창 17:7, 10), 하나님께서 친히 제정하셨고(마 28:19; 고전 11:23), 그리스도와 그분의 혜택들을 나타내며, 그분 안에 있는 우리의 유익을 확증한다(confirm)(고전 10:16; 11:25-26; 갈 3:27). 또한 교회에 속한 사람들과 나머지 세상에 속한 사람들의 차이를 가시적으로 나타내며(롬 15:8; 출 12:48; 창 34:14), 그분의 말씀을 따라 그리스도 안에서 하나님을 엄숙하게 섬기도록 이끈다(롬 6:3-4; 고전 10:16, 21).

2. 모든 성례는 표와 표하는 실체 사이에 영적 관계, 즉 성례전적 연합(sacramental union)이 있다. 그리하여 그 표의 이름과 효과는 그 표하는 실체에서 비롯된다(창 17:10; 마 26:27-28; 딛 3:5).

3. 바르게 시행된 성례 안에서 혹은 그 성례로 인하여 나타나는 은혜는 성례 안에 있는 능력에 의해 부여되는 것이 아니며, 베푸는 사람의 경건이나 의도(intention)에 의존하는 것도 아니며(롬

2:28-29; 벧전 3:21), 성령의 역사와(마 3:11; 고전 12:13) 제정의 말씀(the word of institution)에 달려 있으니 그 말씀은 성례 사용의 권한을 부여하는 명령과 그것을 합당하게 받는 사람에게 주는 은혜의 약속을 담고 있다(마 26:27-28; 28:19-20).

4. 복음 시대에는 우리 주 그리스도께서 제정하신 두 가지의 성례만 있으니, 세례와 주의 만찬이다. 둘 중 어느 것도 아무나 베풀 수 없고, 합법적으로 임직 받은 말씀 사역자만 집행할 수 있다(마 28:19; 고전 11:20, 23; 4:1; 히 5:4).

5. 구약의 성례들이 표하고 나타내는 영적인 것들은 본질에 있어서 신약의 성례와 같다(고전 10:1-4).

제28장 세례(洗禮)에 관하여

1. 세례는 예수 그리스도께서 제정하신 신약의 성례다(마 28:19). 세례받는 사람을 보이는 교회에 엄숙하게 허입시킬 뿐만 아니라(고전 12:13) 은혜언약(롬 4:11; 골 2:11-12), 그리스도에게 접붙혀짐(ingrafting into Christ)(갈 3:27; 롬 6:5), 중생(딛 3:5), 죄용서(remission of sins)(막 1:4), 예수 그리스도를 통해 하나님께 헌신하여 새로운 삶을 살게 됨(롬 6:3-4)의 표(sign)와 인(seal)이다. 이 성례는 그리스도께서 친히 정하신 대로 세상 끝날까지 그분의 교회에서 계속되어야 한다(마 28:19-20).

2. 이 성례에 사용되는 외적인 요소는 물이며, 합법적으로 부름받은 복음 사역자에 의해 성부와 성자와 성령의 이름으로 세례를 베푼다(마 3:11; 요 1:33; 마 28:19, 20).

3. 세례받는 사람을 물속에 잠글 필요는 없으며, 물을 붓거나 뿌림으로 세례를 바르게 시행한다(히 9:10, 19-22; 행 2:41; 16:33; 막 7:4).

4. 그리스도를 향한 믿음과 순종을 실제로 고백하는 사람뿐만 아니라(막 16:15-16; 행 8:37-38) 둘 다 믿거나 한 분만 믿는 부모의 유아들도 세례를 받아야만 한다(창 17:7, 9; 갈 3:9, 14; 골 2:11-12; 행 2:38-39; 롬 4:11-12; 고전 7:14; 마 28:19; 막 10:13-16; 눅 18:15).

5. 이 예식을 멸시하거나 무시하는 것은 큰 죄지만(눅 7:30; 출 4:24-26), 은혜와 구원이 세례에 불가분하게 결합된 것은 아니므로, 세례 없이 거듭나거나 구원받는 사람이 없는 것은 아니며(롬 4:11; 행 10:2, 4, 22, 31, 45, 47) 세례를 받은 모든 사람이 의심할 여지없이 거듭나는 것은 아니다(행 8:13, 23).

6. 세례의 효력은 집행되는 그 순간에만 국한되어 있지 않다(요 3:5, 8). 그럼에도 불구하고 이 예식의 올바른 사용에 의해 약속된

은혜가 성령에 의해 제공될 뿐만 아니라 하나님께서 정하신 때에 하나님 자신의 뜻하신 경륜에 따라 그 은혜가 본래 있어야 하는 사람들에게 (어른이든 유아들에게든) 성령에 의해 실제로 나타내시고 베푸신다(갈 3:27; 딛 3:5; 엡 5:25-26; 행 2:38, 41).

7. 세례의 성례는 누구에게든지 한 번만 베풀어야 한다(딛 3:5).

「웨스트민스터 대요리문답」

161문: 성례가 어떻게 구원의 효력 있는 방편이 됩니까?

답: 성례가 구원의 효력 있는 방편이 되는 것은 그 자체 안에 있는 어떤 능력이라든지, 혹은 그것을 집행하는 자의 경건이나 의도에서 나오는 어떤 덕행으로 말미암는 것이 아니고, 오직 성령의 역사와 그것들을 제정하신 그리스도의 복으로 말미암습니다(벧전 3:21; 행 8:13, 23; 고전 3:6, 7; 12:13).

162문: 성례가 무엇입니까?

답: 성례는 그리스도께서 자기 교회 안에 제정하신 거룩한 규례인데(창 17:7, 10; 출 12; 마 28:19; 26:26-28), 이 규례는 은혜 언약 안에 있는 자들에게(롬 15:8; 출 12:48) 주님의 중보의 혜택을(행 2:38; 고전 10:16) 표시하고(signify), 인치고(seal), 나타내기 위한 것이며(롬 4:11; 고전 11:24, 25), 그들의 믿음과 다른 모든 은혜들을 강화하고 증진시키기 위한 것이며(롬 4:11; 갈 3:27), 그들로 하여금 순종하게 하기 위한 것이며(롬 6:3,4; 고전 10:21), 그들의 상호간에 사랑과 교제를 증거하고 소중히 여겨(엡 4:2-5; 고전 12:13), 그들을 은혜 언약 밖에 있는 자들과 구별하기 위한 것입니다(엡 2:11, 12; 창 34:14).

163문: 성례에는 어떤 부분들이 있습니까?

답: 성례에는 두 부분이 있는데, 하나는 그리스도 자신의 정하심에 따라 사용되는 외적이고 감각적인 표이며, 다른 부분은 이로써 표시되는 내적이고 영적인 은혜입니다(마 3:11; 벧전 3:21; 롬 2:28, 29).

164문: 그리스도께서 그의 신약 교회에 제정하신 성례는 몇 가지입니까?

답: 그리스도께서 그의 신약 교회에 두 가지 성례만을 제정하셨는데 곧 세례(baptism)와 주의 만찬(the Lord's supper)입니다(마 28:19; 고전 11:20, 23; 마 26:26-28).

165문: 세례가 무엇입니까?

답: 세례는 신약의 성례인데, 그리스도께서 성부와 성자와 성령의 이름으로 물로 씻는 의식을 제정하시되(마 28:19), 이것은 그리스도 자신에게 접붙이고(ingrafting)(갈 3:27), 그의 피로 죄 사함을 받으며(remission of sins)(막 1:4; 계 1:5), 그의 영으로 거듭나고(regeneration by his Spirit)(딛 3:5; 엡 5:26), 양자가 되어(adoption)(갈 3:26, 27), 영원한 생명에 이르는 부활의 표(sign)와 인(seal)입니다(고전 15:29; 롬 6:5). 이로써 세례받은 당사자들은 보이는 교회에 엄숙히 받아들여지고(admitted)(고전 12:13), 전적으로 오직 주께만 속한다는 약속을 공개적으로 고백하게 되는 것입니다(롬 6:4).

166문: 세례는 누구에게 베풉니까?

답: 세례는 보이는 교회 밖에 있어서 약속의 언약에 대해 외인 된 자들(strangers)에게는 그들이 그리스도를 믿는 믿음과 그분께 대한 순종을 고백할 때까지는 누구에게도 세례를 베풀 수 없습니다(행 8:36, 37; 2:38). 그러나, 부모 둘 다 혹은 부모 중 한 사람이 그리스도를 믿는 믿음과 순종을 고백하는 자들의 자손인 유아들은 언약 안에 있는 것으로 간주되므로(in that respect, within the covenant) 세례를 베풉니다(창 17:7, 9; 갈 3:9, 14; 골 2:11, 12; 행 2:38, 39; 롬 4:11, 12; 고전 7:14; 마 28:19; 눅 18:15, 16; 롬 11:16).

167문: 우리의 세례를 우리가 어떻게 향상시킬 수 있습니까?

답: 우리가 받은 세례를 향상시켜야 할 의무는, 꼭 필요하지만 매우 소홀히 해 왔습니다. 이것은 우리가 평생에 걸쳐 행해야 할 것인데, 특별히 시험을 당할 때와 다른 사람들이 세례받는 자리에 참석했을 때에 해야 합니다(골 2:11, 12; 롬 6:4, 6, 11). 세례의 본질과 그리스도께서 그것을 제정하신 목적과 세례에 의해 우리에게 주어지고 보증된 특권과 혜택, 세례 시에 행한 우리의 엄숙한 서약 등을 신중하면서도 감사히 생각함으로써 해야 합니다(롬 6:3-5). 우리의 죄악 된 더러움과 세례의 은혜와 우리의 맹세에 못 미치고 역행하는 것으로 인해 겸손함으로써 하고(고전 1:11-13; 롬 6:2, 3), 그 성례 안에서 우리에게 보증된 죄 사함과 다른 모든

복에 대한 확신에 이르기까지 성숙함으로써 해야 합니다(롬 4:11, 12; 벧전 3:21). 우리가 그리스도와 합하여 세례를 받음으로써 그의 죽음과 부활에서 힘을 얻고, 죄를 무력하게 하며, 은혜를 소생시킴으로써 하고(롬 6:3-5), 믿음으로 살기를 힘쓰며(갈 3:26, 27), 그리스도에게 자기들의 이름들을 바친 자들로서(행 2:38), 거룩함과 의로운 생활을 하고(롬 6:22), 같은 성령으로 세례를 받아 한 몸을 이룬 자들로서 형제의 사랑으로 행하기를 노력함으로써 할 것입니다(고전 12:13, 25, 26, 27).

176문: 세례와 주님의 만찬의 성례는 어떠한 점에서 일치합니까?

답: 세례와 주님의 만찬의 성례가 일치하는 것은 두 가지 모두 창시자가 하나님이시며(마 28:19; 고전 11:23), 둘의 영적 측면이 그리스도와 그의 혜택이며(롬 6:3, 4; 고전 10:16), 둘 다 같은 언약의 인침(seals)이며(롬 4:11; 골 2:12; 마 26:27, 28), 둘 다 복음 사역자들에 의해 시행되고, 그 밖의 누구에 의해서도 시행될 수 없다는 것과(요 1:38; 마 28:19; 고전 11:23; 4:1; 히 5:4) 주님께서 재림하실 때까지 그리스도의 교회에서 계속 되어야 한다는 것입니다(마 28:19, 20; 고전 11:26).

177문: 세례와 주님의 만찬의 성례는 어떠한 점에서 서로 다릅니까?

답: 세례와 주님의 만찬의 성례들이 다른 점은 세례는 우리의

중생(regeneration)과 그리스도께 접붙임(ingrafting)이 되는 표(sign)와 인(seal)으로 물로써 단 한번만 시행하며(마 3:11; 딛 3:5; 갈 3:27), 심지어는 어린아이에게까지도 시행되는 반면에(창 17:7, 9; 행 2:38, 39; 고전 7:14), 주님의 만찬은 빵과 포도주라는 요소로 자주 시행하며, 영혼의 신령한 양식이 되시는 그리스도를 대표하고(represent), 나타내며(exhibit)(고전 11:23-26), 우리가 그 안에 계속하여 살고 자라남을 확인하기 위함인데(고전 10:16), 자신을 살필 수 있는 나이와 능력에 도달한 사람들에게만 시행되는 것입니다(고전 11:28, 29).

「웨스트민스터 소요리문답」

91문: 성례는 어떻게 구원의 효력 있는 방편이 됩니까?

답: 성례가 구원의 효력 있는 방편이 되는 것은 성례 그 자체나 성례를 베푸는 자에게 있는 어떤 덕(virtue)으로 되는 것이 아니요, 오직 그리스도의 복주심과(벧전 3:21; 마 3:11; 고전 3:6-7) 믿음으로 성례를 받는 자들 속에 있는 그리스도의 영의 역사하심으로 되는 것입니다(고전 12:13).

92문: 성례가 무엇입니까?

답: 성례는 그리스도께서 세우신 거룩한 예식이며, 이 예식 가운데 그리스도와 새 언약의 혜택이 감각적인 표(signs)로써 신자들에게 표시(represented)되고, 인 쳐지며(sealed) 적용됩니다(applied)(창 17:7, 10; 출 12장; 고전 11:23, 26).

93문: 신약의 성례는 무엇입니까?

답: 신약의 성례는 세례(baptism)(마 28:19)와 주의 만찬(the Lord's Supper)(마 26:26-28)입니다.

94문: 세례가 무엇입니까?

답: 세례는 물을 가지고 성부와 성자와 성령의 이름으로 씻는 성례인데(마 28:19), 우리가 그리스도에게 접붙여 지는 것과 은혜 언

약의 모든 혜택에 참여함과 우리가 주님의 것이 되기로 약속함을 표시하며 인치는 것입니다(롬 6:4; 갈 3:27).

95문: 세례는 누구에게 베풉니까?

답: 세례는 보이는 교회 밖에 있는 자들에게는 베풀지 않으며, 그들이 그리스도를 믿는 믿음과 그분께 대한 순종을 고백할 때까지는 누구에게도 베풀 수 없으나(행 8:36-37; 2:38), 보이는 교회 회원들의 유아들에게는 세례를 베풉니다(행 2:38-39; 창 17:10; 골 2:11-12; 고전 7:14).

「벨기에 신앙고백서」[153]

제33조 성례

우리는 우리의 은혜로우신 하나님께서 우리의 무감각함과 연약함을 잊지 않으시어 성례를 제정하시고, 이것으로 우리를 향한 당신의 약속을 우리에게 인치시고(seal), 당신의 선하신 뜻과 은혜를 보증하셨음을(to be pledges) 믿습니다. 하나님께서는 이것을 통해 우리의 믿음을 자라게 하시고 유지해 주십니다(창 17:9-14; 출 12; 롬 4:11). 하나님께서 복음의 말씀(마 28:19; 엡 5:26)에 이것을 더하셔서 당신께서 말씀으로 우리에게 선언하신 것과 내적으로 우리 마음속에 행하시는 것을 우리의 외적 감각에 더욱 잘 나타내 보이셨습니다. 이렇게 하나님께서는 당신께서 베풀어 주신 구원을 우리에게 확증해 주십니다. 성례들은 내면적이고 보이지 않는 것에 대한 보이는 표와 인(visible signs and seals)으로, 하나님께서는 이것을 방편으로 성령님의 능력을 통하여 우리 안에서 역사하십니다(롬 2:28-29; 골 2:11-12). 그러므로 표는 헛되거나 무의미하여 우리를 속이는 것이 아닙니다. 왜냐하면 예수 그리스도께서 그 성례들의 실재이기 때문입니다. 그래서 그리스도를 떠나서 이 성례들은 아무것도 아닙니다. 더 나아가서, 우리는 성례의 수를 우리의 주인이신 그리스도께서 우리를 위해 제정해 주신 두 가지, 즉 세례와(마 28:19) 예수 그리스도의 만찬의 성례

---

[153] 여기에 실린 이 번역은 다음의 것입니다. 손재익, 『벨기에 신앙고백서 강해』, 409, 420-21.

로(마 26:26-28; 고전 11:23-26) 만족합니다.

제34조 세례의 성례

우리는 율법의 완성이신(롬 10:4) 예수 그리스도께서 당신의 흘리신 피로 말미암아, 죄를 보상하거나 만족케 하기 위하여 드리고 드려왔었던 다른 모든 피 흘림을 끝나게 하셨음을 믿고 고백합니다. 그리하여 그분은 피로써 행하던 할례를 폐하시고, 그 대신에 세례의 성례를 제정하셨습니다(골 2:11). 우리는 세례에 의해서 하나님의 교회 안에 받아들여졌고, 다른 모든 사람들과 거짓 종교들로부터 구별되었으며, 전적으로 하나님께 속하게 되어 그분의 표지(mark)와 표식(emblem)을 가지게 되었습니다(출 12:48; 벧전 2:9). 세례는 하나님께서 영원히 우리의 하나님과 은혜로우신 아버지가 되실 것이라는 사실을 우리에게 증거 하는 역할을 합니다.

바로 이런 이유로 하나님께서는 당신에게 속한 모든 사람들이 일반 물(plain water)로 아버지와 아들과 성령의 이름으로 세례를 받아야 한다고 명령하셨습니다(마 28:19). 이 세례에 의해서 하나님께서는 물이 우리 몸에 부어질 때 우리 몸에서 더러운 것이 씻기어지는 것처럼, 또 물이 세례받는 사람에게 뿌려질 때 그 사람의 몸에 보이는 것처럼, 그리스도의 피가 성령님에 의해서 내적으로 우리 영혼에 동일한 일을 한다는 것을 우리에게 상징해 주십니다(마 3:11; 고전 12:13). 이것으로 그리스도의 피가 죄로부터 우리 영혼을 씻어 주고 정결하게 해 주며(행 22:16; 히 9:14; 요일 1:7;

계 1:5b) 우리를 진노의 자식에서 하나님의 자녀로 중생하게 합니다(딛 3:5). 이런 일은 그런 물로서 되는 것이 아니라(벧전 3:21) 하나님의 아들의 보배로운 피를 뿌림으로 되는 것이고(롬 6:3; 벧전 1:2; 2:24), 그것은 우리의 홍해이고(고전 10:1-4) 우리가 바로의 압제 곧 마귀를 피하여 영적인 가나안 땅으로 들어가기 위하여 통과해야만 하는 홍해입니다.

이렇게 그들의 편에서 보면 목사들이 우리에게 성례 즉 보이는 것(what is visible)을 주는 것이지만, 우리 주님께서는 성례에 의해서 상징되는 것(what is signified) 즉 보이지 않는 선물들과 은혜를 우리에게 주십니다. 그분은 우리 영혼의 모든 부정(不淨)과 불의를 씻으시고(washes) 제거하시고(purges) 깨끗하게(cleanses) 하시고(고전 6:11; 엡 5:26) 우리 마음을 새롭게 하여 모든 위로로 가득하게 하시고, 당신의 아버지 같은 선하심에 대한 참된 확신을 우리에게 주시며, 새로운 본성으로 우리를 옷 입히시고, 이 모든 일로 옛 본성을 벗어버리게 하십니다(롬 6:4; 갈 3:27).

그러므로 우리는 영원한 생명을 열망하는 사람들은 누구든지 오직 한 번만 세례를 받아야 함을 믿습니다(마 28:19; 엡 4:5). 세례는 결코 반복될 수 없습니다. 왜냐하면 우리는 두 번 태어날 수 없기 때문입니다. 또한 세례는 물이 우리 위에 주어지고 우리가 그 물을 받을 때에만 유익을 주는 것이 아니라, 우리의 전 생애에 걸쳐서 유익을 주는 것입니다. 그런 이유로 우리는 오직 한번 받는 단번의 세례로 만족하지 않으며 신자의 어린 자녀들에게 세례를 베푸는 것을 비난하는 재세례파의 잘못을 배격합니다. 우리는 동일한 약속에 근거하여 이스라엘에서 유아들이 할례를 받았던 것처럼, 신자의 자녀들이 세례를 받아야 하고 언약의 표로 인쳐져야 한다는 것을 믿습니다(창 17:10-12; 마 19:14; 행 2:39). 정말로 그리스도께서는 어른들의 죄를 씻기 위하여 피 흘리신 것만큼 신자의 자녀들의 죄를 씻기 위해서도 피 흘리셨습니다(고전 7:14). 그러므로 주님께서 율법에서 아이가 태어난 직후에 어린 양을 드리라고 명령하신 것처럼, 신자의 자녀들도 그리스도께서 그들을 위하여 행하신 것에 대한 표와 성례를 받아야만 합니다(레 12:6). 이것은 그리스도의 고난과 죽음의 성례입니다. 세례가 우리 자녀들에게 이스라엘 백성들에게 베풀었던 할례와 동일한 의미를 가지기 때문에, 바울은 세례를 그리스도의 할례라고 불렀습니다(골 2:11).

「하이델베르크 요리문답」[154]

66문: 성례가 무엇입니까?

답: 성례는 복음 약속의 눈에 보이는 거룩한 표(標, signs)와 인(印, seals)으로, 하나님께서 제정하신 것입니다. 성례가 시행될 때, 하나님께서는 복음 약속을 우리에게 훨씬 더 충만하게 선언하고 확증하십니다(창 17:11; 신 30:6; 사 6:6-7; 54:9; 겔 20:12; 롬 4:11). 이 약속은 그리스도께서 십자가 위에서 이루신 단번의 제사 때문에, 하나님께서 우리에게 죄 사함과 영원한 생명을 은혜로 주신다는 것입니다(레 6:25; 마 26:28; 히 9:7,9; 9:24; 10:10).

67문: 그러면 말씀과 성례 이 둘은 우리의 믿음을 우리의 구원의 유일한 근거가 되는 것, 곧 예수 그리스도의 십자가의 제사로 향하도록 하기 위한 것입니까?

답: 참으로 그렇습니다. 우리의 모든 구원이 그리스도가 우리를 위해 십자가 위에서 이루신 단번의 제사에 있다는 것을 성령님께서는 복음으로 가르치고 성례로 확증하십니다(롬 6:3; 고전 10:16; 11:26; 갈 3:27).

---

154 여기에 실린 이 번역은 다음의 것입니다. 독립개신교회 교육위원회 옮김, 『하이델베르크 요리문답』 (서울: 성약, 2004), 100-109.

68문: 그리스도께서 신약에서 제정하신 성례는 몇 가지입니까?

답: 거룩한 세례와 주님의 만찬, 두 가지입니다.

69문: 그리스도께서 십자가 위에서 이루신 단번의 제사가 당신에게 유익이 됨을 거룩한 세례에서 어떻게 깨닫고 확신합니까?

답: 그리스도께서 물로 씻는 이 외적(外的) 의식을 제정하시고(마 28:19), 그의 피와 성령으로 나의 영혼의 더러운 것, 곧 나의 모든 죄가 씻겨짐을 약속하셨습니다(마 3:11; 막 1:4; 16:16; 눅 3:3; 요 1:33; 행 2:38; 롬 6:3-4; 벧전 3:21). 이것은 물로 씻어 몸의 더러운 것을 없애는 것처럼 확실합니다.

70문: 그리스도의 피와 성령으로 씻겨진다는 것은 무슨 뜻입니까?

답: 그리스도의 피로 씻겨짐은 십자가의 제사에서 우리를 위해 흘린 그리스도의 피로 말미암아 은혜로 우리가 하나님께 죄 사함 받았음을 뜻합니다(겔 36:25; 슥 13:1; 엡 1:7; 히 12:24; 벧전 1:2; 계 1:5; 7:14). 성령으로 씻겨짐은 우리가 성령으로 새롭게 되고 그리스도의 지체(肢體)로 거룩하게 되어, 점점 더 죄에 대하여 죽고 거룩하고 흠이 없는 삶을 사는 것을 의미합니다(겔 36:26-27; 요 1:33; 3:5; 롬 6:4; 고전 6:11; 12:13; 골 2:11-12).

71문: 세례의 물로 씻는 것처럼 확실히, 그리스도께서 자신의 피와 성령으로 우리를 씻으신다는 약속을 어디에서 하셨습니까?

답: 세례를 제정하실 때 이렇게 말씀하셨습니다. "그러므로 너희는 가서 모든 민족을 제자로 삼아 아버지와 아들과 성령의 이름으로 세례를 베풀고"(마 28:19), "믿고 세례를 받는 사람은 구원을 얻을 것이요 믿지 않는 사람은 정죄를 받으리라"(막 16:16). 이 약속은 성경이 세례를 "중생의 씻음" 혹은 "죄를 씻음"이라고 부른 데서도 거듭 나타납니다(딛 3:5; 행 22:16).

72문: 세례의 물로 씻음이 곧 죄 씻음 자체입니까?

답: 아닙니다(마 3:11; 엡 5:26; 벧전 3:21). 오직 예수 그리스도의 피와 성령만이 우리를 모든 죄에서 깨끗하게 합니다(고전 6:11; 요일 1:7).

73문: 그러면 왜 성령께서는 세례를 "중생의 씻음"과 "죄를 씻음"이라 하셨습니까?

답: 하나님께서 그렇게 말씀하신 데에는 중요한 이유가 있습니다. 하나님께서는 몸의 더러운 것이 물로 씻겨지듯이 우리의 죄가 그리스도의 피와 성령으로 없어짐을 우리에게 가르치려 하셨습니다(고전 6:11; 요일 3:5; 5:6-8; 계 1:5; 7:14). 더 나아가서 우리의 죄가 영적으로 씻겨지는 것이 우리의 몸이 물로 씻겨지는 것처럼 매우 실제적임을 이러한 신적(神的) 약속(pledge)과 표(sign)로

써 우리에게 확신시키려 하셨습니다(막 16:16; 행 2:38; 갈 3:27).

74문: 유아들도 세례를 받아야 합니까?

답: 그렇습니다. 그것은 유아들도 어른들과 마찬가지로 하나님의 언약과 교회에 속하였고(창 17:7; 마 19:14), 또한 어른들 못지않게 유아들에게도 그리스도의 피에 의한 속죄와 믿음을 일으키시는 성령이 약속되었기 때문입니다(시 22:10; 사 44:1-3; 행 2:39; 16:31). 그러므로 유아들도 언약의 표인 세례를 통하여 그리스도의 교회에 연합되고 불신자의 자녀와 구별되어야 합니다(행 10:47; 고전 7:14). 이런 일이 구약에서는 할례를 통하여 이루어졌으나(창 17:10,14) 신약에서는 그 대신 세례가 제정되었습니다(골 2:11-12).

2. 「웨스트민스터 예배모범」 중 세례에 관한 부분[155]

성례의 집례에 관하여

첫째, 세례에 관하여

세례는 필요 없이 늦추어서는 안 되며, 어떤 경우라도 개인이 행해서는 안 되고 하나님의 비밀을 맡은 청지기로 부르심을 받은 목사에 의하여 행해져야 한다.

또한 개인적인 장소에서 사사로이 행해서는 안 되며, 공중 예배 시에 회중 앞, 즉 사람들이 가장 편하게 보고 들을 수 있는 곳에서 행할 것이며, 교황 시대처럼 세례반(洗禮盤)이 적절하지도 않으며 미신적으로 설치된 곳에서 행하지 않는다.

세례받을 자녀는 하루 전에 목사에게 통지를 하고, 아버지가 데리고 나올 것이요 (만일 그의 아버지가 없는 경우에는) 그 대신 다른 신자 친구가 데리고 나와서 자녀가 세례받기를 원하는 소원을 진지하게 고백할 것이다.

세례에 앞서, 목사는 제정의 말씀을 사용하여 이 성례의 제정과 본질과 용도와 목적에 관하여 다음과 같이 설명할 것이다.

"이 예식은 우리 주 예수 그리스도께서 제정하신 것으로서, 은혜언약과 그리스도께 접붙임바 된 것, 그리스도와의 연합, 죄 사

---

155 여기에 실린 번역은 다음의 것입니다. 손재익, 『특강 예배모범』, 200-12.

함을 받은 것, 거듭남, 양자됨, 영원한 생명에 대한 인(印, seal)입니다. 세례 시에 사용하는 물은 그리스도의 피와 죄의 지배와 죄성의 부패로부터 원죄와 자범죄의 모든 죄책을 제거하고 거룩하게 하시는 그리스도의 영의 효력(virtue)을 나타내고 상징하며(representeth and signifieth), 침례(baptizing)나 물을 뿌리는 것(sprinkling) 그리고 물로 씻는 것(washing)은 그리스도의 피와 공로로 죄가 깨끗케 되었음을 상징하며, 더불어 그리스도의 죽으심과 부활의 덕택으로 죄죽임과 죄로부터 새 생명을 얻었음을 상징합니다. 이 약속은 신자와 그 후손에게 주신 것으로서, 교회 안에서 태어난 신자의 자손과 후손은 그들의 출생과 동시에 언약에 참예하므로 그 인치심에 참예할 권한이 있고, 복음 아래서 교회의 외적인 특권에 참예하는 권한을 가졌으니, 은혜언약은 그 본질상 같으므로 구약시대의 아브라함의 자손들보다 못하지 않으며 하나님의 은혜와 신자들에 대한 위로도 이전보다 더욱 풍성해집니다. 하나님의 아들께서는 자기 앞으로 나아온 어린아이들을 용납하시고, 그들을 안으시고 복주시면서 "하나님의 나라가 이런 자의 것이니라" 라고 말씀하셨습니다. 그러므로 자녀들도 세례에 의해서 보이는 교회의 품으로 엄숙하게 받아들여져야 하며, 세상과 구별된 신자들과 연합되어야 합니다. 그리스도의 이름으로 세례를 받은 모든 사람들은 세례에 근거하여 마귀와 세상과 육신을 포기하고 싸워야 합니다. 그들은 그리스도인으로서 세례 전에 이미 언약적으로 거룩하기에 세례를 받은 것입니다. 내적 은혜와 세례의 효력은 세례가 베풀어지는 그 순간에만 매여 있는 것이 아니고, 세례의 열매와 권능은 우리 생애 전체에 미칩니다. 외적인 세례는 반드시 필요한 것은 아니므로, 비록 유아가 세례를 받지 못하였다고 해도 받을 수 있는 때와 장소가 있었는데 그리스도의 규례를 멸시하거나 무시하지만 않았으면 멸망의 위험에 빠지는 것이 아니요, 부모에게 죄가 되는 것도 아닙니다"

이렇게 또는 이와 같이 가르침으로서 목사는 세례의 교리에 대하여 무지와 오류가 있거나, 또는 사람들의 교화를 위하여 필요할 때, 자신의 자유와 경건한 지혜를 사용한다.

목사는 또한 참석한 모든 사람들에게 다음과 같이 권면한다.

"여러분 각자가 세례를 받던 때를 회고해 보십시오. 하나님과의 언약을 배반한 죄를 회개한 것과 믿음을 불러일으킨 것과, 하나님과 당신의 영혼 사이에 인친 바 언약을 향상시키고, 바르게 한 것을"

목사는 부모들에게 다음과 같이 권고한다.

"당신과 당신의 자녀를 향한 하나님의 크신 자비를 기억하십시오. 기독교 신앙에 기초한 지식에 따라 주님의 교훈과 훈계로 양육하십시오. 만약 그것을 게을리 하면, 당신과 당신의 자녀를 향한 하나님의 진노의 위험이 있음을 알고, 의무를 이행하기 위한 엄숙한 약속이 필요합니다"

이것을 한 후, 제정의 말씀에 이어서 기도를 한다. 이 기도는 세례 시에 사용할 물의 영적인 용도를 위하여 거룩케 해 주실 것을 위한 것이다. 목사는 이러한 취지로 다음과 같이 기도한다.

"우리를 약속의 언약이 없는 이방인들처럼 버려두지 않으시고, 오히려 하나님의 규례의 특권으로 부르신 주님! 이 시간에 주님께서 은혜로 베풀어 주신 세례의 규례를 거룩하게 하시고 복 주시옵소서. 주님께서는 물로 베푸는 외적인 세례를 주님의 성령으로 베풀어 주시는 내적인 세례와 연합하게 하셨나이다. 그러므로 유아에게 베풀어지는 이 세례가 양자됨과, 죄 사함, 거듭남, 영원한 생명, 그리고 은혜 언약에 있는 다른 모든 약속의 표가 되게 하옵소서. 그리고 이 아이가 그리스도의 죽으심과 부활을 따라, 죄의 실체가 그 안에서 파괴되어 일생 동안 새 생명으로 하나님을 섬기게 하옵소서"

그리고 나서 목사는 아이의 이름을 묻고, 대답을 듣고 나면 그 아이의 이름을 부르면서 다음과 같이 말한다.

"내가 성부와 성자와 성령의 이름으로 세례를 주노라"

이렇게 말하면서 목사는 아이에게 물로 세례를 베푼다. 이 때 다른 어떤 의식을 추가하지 않고 아이에게 물을 흘리거나(by pouring) 뿌리는 것(sprinkling)만으로 충분히 합법적이며 적절하다.

이후에 목사는 다음과 같이 또는 다음과 비슷한 목적으로 감사 기도를 드린다.

"주님은 언약을 지키시고 자비를 베푸시는데 진실하시고 신실하신 분임을 온전한 감사로 고백합니다. 주는 선하시고 은혜로우시며, 우리를 당신의 성도로 받아주실 뿐 아니라, 우리의 자녀들까지도 그리스도 안에서 주님의 특별한 사랑의 징표와 표식을 주시기를 기뻐하심에 감사합니다. 하나님의 진리와 특별하신 섭리 가운데서 날마다 교회의 품에 신자들을 주시며, 헤아릴 수 없는 유익을 나눠주시며, 당신의 사랑하는 유일하신 아들의 피로 교회를 값주고 사셔서 교회를 지속하시며 성장하게 하심을 감사합니다.

그리고 기도하는 것은 주님께서는 지금도 계속해서 날마다 말할 수 없는 은혜를 확증하십니다. 지금 세례를 받아 엄숙하게 믿음의 가족에 들어왔고 하나님 아버지의 교육과 보호 아래 들어 온 이 아이를 받아 주시며, 주님께서 자기 백성들에게 보여주신 은혜로 이 아이를 기억하옵소서. 만약 이 아이가 유아기에 이 세상에서 취하여 감을 당한다면, 자비가 풍성하신 주님이시여, 이 아이를 영광중에 영접하여 주옵소서. 만약 그가 살아서 분별하는 나이에 이르거든 주님께서 말씀과 성령님으로 가르치셔서 그가 받은 세례가 효력 있게 하시고, 주님의 거룩한 권능과 은혜로 그를 붙드셔서, 마지막 때에 완전하고 최종적인 승리를 얻을 때까지 그가 믿음으로 마귀와 세상과 육신을 이기게 하옵소서. 그리하여 우리 주 예수 그리스도를 통한 구원에 이르는 믿음을 통해 하나님의 능력으로 지켜 주옵소서"

3. 대한예수교장로회 (고신) 교회헌법 (2023년판) 예배 중 세례와 입교에 관한 부분

제6장 성례

제24조 성례의 종류와 의미

기독교의 성례는 성경의 가르침을 따라 세례와 성찬뿐이다. 성례는 그리스도께서 친히 자신의 교회에 제정하신 거룩한 규례인데, 은혜언약 안에 있는 성도에게 그리스도의 구속의 은혜를 확인하고 견고하게 하기 위한 것이다. 이것은 또한 그들의 믿음과 다른 모든 은혜들을 강화하며 증진하고, 그들로 하여금 순종하게 하고, 그들 상호 간의 사랑과 교제를 증거하고 귀히 간직하게 하며, 그들을 은혜언약 밖에 있는 이들과 구별하게 한다.

제25조 세례식

세례는 성부와 성자와 성령의 이름으로 시행하는 예식으로 성경의 가르침을 따라 물을 가지고 시행한다. 이것은 우리가 그리스도에게 접붙여짐과 은혜언약의 모든 은혜에 참여함과 주님의 소유가 되기로 약속함을 확인하며 공포하는 것이다. 세례는 그리스도에 대한 믿음과 순종을 고백할 때까지는 교회 밖에 있는 어느 누구에게도 베풀어서는 안 된다. 그러나 교인들의 유아들은 세례를 받아야 한다.

1. 세례를 베풀 수 있는 자

세례는 어떠한 경우를 막론하고 반드시 합법적으로 안수를 받은 목사가 행하여야 한다.

2. 세례받는 자의 자격

세례는 예수 그리스도가 자신의 구주(救主)와 주(主)이심을 시인하고 신앙을 고백하는 사람이 받을 수 있다.

3. 세례의 시행

세례는 공예배 시간에 모든 회중을 증인으로 세우고 베풀어야 한다. 단, 세례받을 자가 중환자이거나 군대나 교도소 등에 있어서 공예배에 출석할 수 없는 특별한 경우에는 당회의 결의 또는 목사의 판단으로 공예배 시간 외에도 세례를 베풀 수 있다(유아세례의 경우도 이에 준한다.).

4. 세례의 교육과 문답

세례를 베풀기 전에 당회는 세례받을 자에 대한 충분한 교육과 문답으로 신앙고백을 확인해야 한다. 신자 개인의 신앙고백은 웨스트민스터 신앙고백서와 대웨스트민스터 소요리문답에 근거해야 하기에 당회는 세례 문답 전 이에 근거한 충분한 교육이 이루어지도록 해야 한다.

5. 세례의 서약

세례를 베풀 때에는 교회 앞에서 다음과 같이 서약을 하게 한다.

1) 여러분(그대)은 자신이 하나님 앞에 죄인인 줄 알며 당연히 그분의 진노를 받아야 할 사람이지만 하나님의 크신 자비에 의하여 구원을 얻는 길 외에 소망이 없는 자인 것을 인정합니까?

2) 여러분(그대)은 주 예수 그리스도가 하나님의 아드님이심과 죄인의 구주이심을 믿으며 복음에 말한 바와 같이 구원하실 이는 오직 예수 그리스도 한 분뿐인 줄 알아 그분을 영접하고 그분에게만 의지하기로 서약합니까?

3) 여러분(그대)은 지금 성령님의 은혜만을 의지하고 그리스도를 따르는 자가 되어 모든 죄를 버리고 그분의 가르침과 모범을 따라서 살기로 서약합니까?

4) 여러분(그대)은 본 장로회 교리표준인 웨스트민스터 신앙고백서, 대요리문답과 웨스트민스터 소요리문답이 구약과 신약 성경에서 교훈한 도리를 총괄한 것으로 알고 성실한 마음으로 계속해서 배우고 믿고 따를 것을 서약합니까?

5) 여러분(그대)은 이제부터 교회의 관할과 치리에 복종하고 성결과 화평을 이루도록 노력하기로 서약합니까?

6. 세례의 시행 방법

서약 후에 목사는 물을 그 머리 위에 뿌리면서 "주 예수를 믿는 ○○○씨에게 내가 성부와 성자와 성령의 이름으로 세례를 주노라"하면 회중도 다함께 "아멘"하여야 한다.

7. 세례공포

세례를 베푼 후 목사는 기도하고 다음과 같이 공포하여야 한다. "(○○○)씨는 대한예수교장로회(○○○)교회의 세례 교인 된 것을 성부와 성자와 성령의 이름으로 공포하노라 아멘"

제7장 공적 신앙고백

제28조 공적 신앙고백의 제도

모든 그리스도인은 예수 그리스도를 자신의 구주로 영접하고 교회의 다스림에 복종한다는 신앙고백을 하여야 하는데 그 공적인 제도가 학습과 입교의 예식이다.

제30조 입교식

1. 입교의 의미

교인에게서 출생하여 유아세례를 받은 자녀들은 교회의 권고와 치리 하에 있다. 교회와 부모는 이들에게 성경을 가르치고, 주기도문과 사도신경과 교리문답을 익히게 하며, 기도하는 것과 죄를 미워하는 것과 하나님을 경외하며 주 예수 그리스도를 사랑하고 순종하는 것을 마땅히 가르쳐야 한다. 이들이 성년이 된 다음에, 이들이 출생하면서부터 교회의 교인이 된 것을 알게 하고, 유아세례 시에 부모가 대신 고백했던 그리스도에 대한 신앙이 이제는 자신의 신앙임을 교회 앞에서 고백하고, 성찬에 참여할 수 있게 하는 것을 입교라고 한다.

2. 입교의 고백

유아세례받은 자는, 당회 문답에 합격하고 입교식을 통해 교회 앞에서 자신의 신앙고백과 서약을 한 후에 목사의 공포를 통해 세례 교인으로 확정되며, 성찬식에 참여할 수 있게 된다.

3. 입교서약

입교자는 입교 예식 중에 교회 앞에서 다음과 같이 서약을 하게 한다.

1) 여러분(그대)은 어렸을 때 부모의 신앙고백과 서약으로 세례를 받았는데 이제는 그 고백과 서약을 여러분 자신의 것으로 삼고 성실히 지키기로 서약합니까?

2) 여러분(그대)은 자신이 하나님 앞에 죄인인 것과, 당연히 하나님의 진노를 받아야 하지만 하나님의 큰 자비에 의하여 구원 얻는 길 외에는 소망이 없는 자인 것을 인정합니까?

3) 여러분(그대)은 주 예수 그리스도가 하나님의 아드님이심과 죄인의 구주이심을 믿으며 복음에 말한 바와 같이 구원하실 이는 오직 예수 그리스도 한 분뿐인 줄 알아 그분을 영접하고 그분에게만 의지하기로 서약합니까?

4) 여러분(그대)은 지금 성령님의 은혜만을 의지하고 그리스도

를 따르는 자가 되어 모든 죄를 버리고 그분의 가르침과 모범을 따라서 살기로 서약합니까?

5) 여러분(그대)은 이제부터 교회의 관할과 치리에 복종하고 성결과 화평을 이루도록 노력하기로 서약합니까?

4. 입교 공포

서약이 있은 후 목사는 기도하고 다음과 같이 공포해야 한다.

"○○○ 씨는 대한예수교장로회 ○○○교회의 입교교인이 된 것을 성부와 성자와 성령의 이름으로 공포하노라. 아멘"

4. 대한예수교장로회 (합신) 헌법 (2021년판) 예배모범 중 세례와 입교에 관한 부분

제9장 성인 세례

1. 세례의 중요성은 하나님의 말씀의 권위와 효과를 가짐에 있다. 그 이유는, 그것을 행하라고 주님이 명하셨기 때문이다(마 28:19, 고전 11:23-26). 그가 명령하신 대로 시행되는 세례와 성찬은 예식적으로 나타내는 행동 형태의 하나님 말씀이다. 세례가 상징적으로 실행되기는 하지만 거룩한 사건이고 참된 것인 만큼 집례자와 수세자는 구속사건과 관계하는 신중을 기해야 된다. 그러므로 세례를 실시함에 있어서도 세례받을 자에게 미리 상당한 기간을 주어 진리 지식을 배우게 하고 또 기도로 준비케 해야 된다.

2. 누구를 막론하고 성인으로서 세례받고 입교하려고 하면 성경을 상당히 알아야 된다. 그리고 하나님을 아는 것과 그리스도 신앙이 진실함에 대하여 만족한 증거를 당회 앞에 나타내야 된다. 나중에는 교회 공중 앞에서 자기의 신앙을 고백한 후에 목사가 세례를 베푸는 것이 통례이다.

3. 세례 후보자의 복음진리 지식을 확인하지 않은 채 쉽사리 세례를 베푸는 것은 성례를 소홀히 여기는 죄이다. 그것은 결국 교회를 부패케 하는 결과도 가져온다.

4. 세례받을 자의 신앙고백은 다음과 같은 문답으로 성립된다. 세례식의 집례자는 세례받을 자들에게 다음과 같이 묻는다.

1) 그대들은 자신들이 하나님 앞에 죄인인 줄 알며 당연히 그의 진노를 받을 만하나, 그의 크신 자비하심으로 구원 얻을 것 밖에 소망이 없는 자인 줄 압니까?

2) 그대들은 주 예수 그리스도가 하나님의 아들 되심과 죄인의 구주 되시는 줄을 믿으며, 복음에 말한 바와 같이 구원하실 이는 다만 예수 그리스도뿐이신 줄 알고 믿으며 그에게만 의지하기로 서약합니까?

3) 그대들은 지금 성령의 은혜만 의지하고 그리스도를 좇는 자가 되어 그대로 힘써 행하며 모든 죄를 버리며 그의 가르침과 모범을 따라 살기로 서약합니까?

4) 그대들은 교회의 관할과 치리를 복종하고 그 청결과 화평함을 위하여 힘쓰기로 서약합니까?

5. 목사는 손에 물을 조금 취하여 세례받을 사람의 머리를 적시고 말하기를, "주 예수를 믿는 ○○○에게 내가 성부와 성자와 성령의 이름으로 세례를 주노라 아멘" 한다. 그 뒤에 목사는 기도하고 세례받은 이가 대한예수교장로회 ○○교회의 세례 교인 됨을 공포한다.

6. 세례는 교회 공동체를 상대한 행사이니 만큼 교회 공석상에

서 시행됨이 원칙이다. 다만, 세례받을 사람이 믿음을 가지고도 예배에 출석할 수 없는 부득이한 사정(질병이나 기타 사정)이 있을 때에는 별도로 고려된다. 이 경우에도 그것이 교회적인 공직 행사가 되기 위하여 목사는 물론이고 교회의 대표자들이 그 본인의 처소로 가서 세례를 베풀 수 있다(행 8:36-38).

제10장 입교 예식

1. 유아 세례를 받은 자는 성년이 되기까지 진리 지식과 경건한 생활을 배우며, 입교 준비를 해야 된다. 그는 교리 공부와 기도하는 법을 잘 배울 뿐 아니라, 실생활에 있어서 죄를 미워하며 하나님(그리스도)을 사랑하고 순종하도록 훈련을 받아야 한다. 그리고 그가 입교할 연령에 이르기까지 부모는 그에게 늘 기억시킬 것이 있다. 그것은 그가 출생 때부터 그리스도와 특별한 관계에 처해 있음을 명백히 또는 계속 인식시키는 것이다. 구약시대에 이스라엘의 자녀 교육이 그러했다(출 12:26-27, 신 6:7, 시 78:4, 6-8). 다시 말하면, 부모나 교회가 입교 행사를 중대시해야 되는 것만큼, 입교할 자로 하여금 긴장이 있게 그 일을 준비토록 하여, 그의 평생의 대사로 알고 입교식에 임하게 하려는 것이다.

2. 소년의 성년 되는 연기(年期)는 15세 이상으로 하고, 일반 입교인의 자격을 살펴 작정하는 책임은 그 당회에 있다.

3. 신앙을 공식으로 고백할 때가 이르러 당회 앞에 정식으로 고백하고 당회의 승인을 받은 자들이 교회 앞에 섰을 때 목사는 다음과 같이 묻는다. 목사는 당회 앞에서 신앙을 고백하고 당회의 시행하는 시험에 합격한 자들을 교회 앞에 세우고 성인 세례 때와 같은 서약을 하게 한다. 목사는 문답을 마친 후 이들을 위한 축복기도를 올린 다음 말하기를, "일찍이 유아세례를 받고 성인이 되어 오늘 교회 앞에 신앙고백을 한 이들(○○○외 몇 사람)은 이제부터 믿음의 권속들 가운데서 그 유업에 관한 특권과 책임을 완전히 부담하게 되었습니다. 이들은 이제 대한예수교장로회 ○○교회 입교인 됨을 공포합니다"라고 한다.

5. 대한예수교장로회 (합동) 헌법 (2018년판) 예배모범 중 세례와 입교에 관한 부분

제11장 성례

1. 세례

세례는 성부와 성자와 성령의 이름으로 물로써 씻는 거룩한 예식인데, 이로써 우리가 그리스도에게 접붙여짐과 은혜언약의 모든 은총에 참여함과 우리가 주님의 소유가 되기로 약속함을 인치며 공포하는 것이다. 세례는 그리스도에 대한 믿음과 순종을 고백할 때까지는 교회 밖에 있는 어느 누구에게도 베풀어서는 안 된다.

(1) 신앙이 독실하고 학습인으로 6개월간 근실히 교회에 출석하면 세례 문답할 자격이 있다.

(2) 세례는 반드시 합법적으로 안수를 받은 목사가 행하여야 한다.

(3) 세례는 교회 안에서 모든 회중을 증인으로 하고 공교회 예배 시 베풀어야 한다. 단, 특별한 경우, 교회에 출석할 수 없는 중환자 나 군대 또는 교도소에서 세례를 받기를 원하는 자와 같은 경우는 목사의 판단이나 당회의 결의로 베풀 수 있다(유아세례의 경우도 이에 준한다.).

(4) 세례를 베풀기 전에 당회는 세례받을 자에 대한 충분한 교육과 문답으로 신앙고백과 서약을 받아야 한다.

(5) 세례를 베풀 때에는 교회 앞에서 다음과 같이 서약을 하게

한다.

① 그대들은 하나님 앞에 죄인인 줄 알며 당연히 그의 진노를 받을 만하고, 그의 크신 자비하심에서 구원 얻는 것밖에 소망이 없는 자인 줄 아십니까?

② 그대들은 주 예수 그리스도가 하나님의 아들 되심과 죄인의 구주 되시는 줄을 믿으며, 복음에 말한 바와 같이 구원하실 이는 오직 예수뿐이신 줄 알고 그를 받으며 그에게만 의지하겠습니까?

③ 그대들은 지금 성령의 은혜만 의지하고 그리스도를 좇는 자가 되어 그대로 힘써 행하며, 모든 죄를 버리며 그의 가르침과 모범을 따라 살기로 작정하며 서약합니까?

④ 그대들은 이 교회의 관할과 치리에 복종하고 그 청결과 화평함을 이루도록 힘쓰기로 서약합니까?

(6) 서약 후에 목사는 물을 그 머리 위에 끼얹으면서 「주 예수를 믿는 ○○○ 씨에게 내가 성부와 성자와 성령의 이름으로 세례를 주노라」 하면 회중도 다 함께 「아멘」 하여야 한다.

(7) 세례를 베푼 후 목사는 기도하고 다음과 같이 공포하여야 한다. 「○○○ 이상 여러분은 대한예수교장로회 ○○교회의 세례 교인이 된 것을 성부와 성자와 성령의 이름으로 공포하노라 아멘」

3. 입교

(1) 교회 교우에게서 출생한 자녀로 유아 세례를 받은 아이는 교

회의 권고와 치리 아래 있고 글을 가르치며 요리 문답과 사도신경과 주기도문을 독습하게 하며 기도하는 것과 죄를 미워하는 것과 하나님을 경외하며 주 예수 그리스도를 사랑하고 순종하는 것을 가르칠 것이요, 성년(成年)이 된 후에는 힘써 권고하여 출생하면서부터 교회의 교우된 것을 알게 하고 개인으로 그리스도를 믿고 사람 앞에서 증거하며 성찬 참여함을 청원하는 것이 자기의 의무와 특권임을 기억하게 한다.

(2) 유아세례나 어린이 세례를 받은 자가 만14세 이상이 되면 입교 문답할 연령이 된다.

(3) 세례받지 아니한 성인이 입교하려고 하면 하나님을 아는 것과 충성함에 대하여 만족한 증거를 나타내고 교회 공중 앞에서 자기의 신앙을 고백하게 한 후에 세례를 주는 것이 통례이다.

(4) 유아세례받은 자가 당회 허락을 받아 성찬에 처음 참여할 때에 정식으로 교회 앞에서 자기의 신앙을 고백함이 옳으나 그 사람은 출생 때부터 교회의 특별한 관계있는 것을 명백히 인식하게 할 것이다.

(5) 입교 문답은 아래와 같이 한다.

① 성년이 되어 공식 선언하는 날에 당회의 허락을 얻어 교회에 입회하는 자들이 회중 앞에 서면 목사는 그 사실을 아래와 같이 말한다. 「유아세례를 받음으로 어린 때부터 교인이 되고 언약의 허락에 대하여 후사(後嗣)가 되어 그 부모의 엄중한 맹세로 하나님께 바친 중에 ○○○ 씨가 지금 믿음의 권속 중에서 자기 유

업에 관한 책임과 특권을 부담할 자 되기를 원하므로 당회가 그리스도를 믿는 것과 성찬에서 주의 몸을 분별하는 지식을 문답하여 허락하였습니다」

② 유아 때 세례를 받은 자가 그 자리에 참여하였거든 목사가 설명하기를 「세례는 우리를 그리스도에게 접붙임과 주와 합하는 표와 인치는 것이니 세례를 받고 하나님의 교회에 입교하기를 원하는 ○○○ 씨를 당회가 거룩하신 은혜 받은 일에 대한 저희의 경력과 그리스도를 받은 일을 살펴 인정하였으므로 지금 성도와 동반(同班)되는 것을 환영하며 감사히 여기는 바입니다」 할 것이다.

③ 그 다음에는 목사가 이상 2항에 선서하는 자에게 다음과 같이 말하나니

「공식으로 신앙고백을 하려고 이 자리에 참여한 그대들은 다음의 선언과 허락을 승인하여 하나님과 그의 교회로 더불어 엄중한 언약을 맺는 줄 알아야 할 것입니다」

ㄱ) 그대들이 하나님 앞에 죄인인 줄 알며 당연히 그의 진노를 받을 만하고 그의 크신 자비하심에서 구원 얻을 것밖에 소망이 없는 자인 줄 아십니까?

ㄴ) 그대들이 주 예수 그리스도가 하나님의 아들 되심과 죄인의 구주 되시는 줄을 믿으며 복음에 말한 바와 같이 구원하실 이는 다만 예수뿐이신 줄 알고 그를 영접하며 그에게만 의지하겠습니까?

ㄷ) 그대들이 지금 성령의 은혜만 의지하고 그리스도를 좇는 자

가 되어 그대로 힘써 행하며 모든 죄를 버리며 그의 가르침과 모범에 따라 살기를 작정하며 허락하십니까?

ㄹ) 그대들이 교회의 관할과 치리를 복종하고 그 청결하고 화평함을 이루도록 힘쓰기로 허락하십니까?

그 다음에 엄중한 의무와 요긴한 것을 담부한 자들에게 간단히 권면하고 목사가 기도하고 공포함으로 폐회한다.

(6) 다른 교회에서 이명 증서를 가지고 온 자는 그 성명을 교회에 공포하고 그 신덕과 사랑을 소개한다.

6. 대한예수교장로회 (통합) 헌법 (2023년판) 예배와 예식 중 세례와 입교에 관한 부분

2-2. 성례전

2-2-1 성례전

2-2-1-1. 성례전은 예수께서 친히 세우신 거룩한 예전으로 하나님이 사람에게 주시는 은총의 보이는 형태인데, 세례와 성찬을 의미한다. 성례전에 사용되는 물과 떡과 포도즙은 비록 물질로 만들어진 것이나 그것을 통하여 하나님과 그 백성들 간의 관계를 분명히 하고 예수 그리스도와 영적 교제를 가지고 그와 성도들과의 구속적 관계를 가지게 된다.

2-2-1-2. 성례전은 예수께서 친히 은혜를 베푸시는 방법으로 교회를 위하여 세우셨다. 그러므로 교회는 어디서나 이 예전을 자주 또 정당하게 거행하여 신령한 유익을 얻도록 한다.

2-2-1-3. 성례전은 어떠한 형편을 막론하고 평신도가 집례할 수 없고 반드시 이를 위해서 부르심을 받은 목사에 의해서 집례되어져야 한다. 그 집례의 장소는 교회가 되어야 함이 원칙이나 특별한 경우 그 외의 장소에서도 당회의 결정에 따라 교회를 대표하는 교인들의 참석 하에 집례할 수 있다.

2-2-2 세례 성례전

2-2-2-1. 세례는 죄인이 죄의 용서를 받고, 그리스도의 사람이 되는 하나님의 은총의 표시이다. 세례는 그리스도의 보혈을 통한 죄의 씻음과 그리스도의 죽음과 부활에의 참여와 중생을 의미한다. 이로써 우리는 성령 안에서 그리스도와 연합하여 그의 몸의 지체가 되고, 우리 자신에 대하여 완전히 죽고 예수 그리스도 안에서 하나님을 위하여 사는 새로운 삶을 살게 된다. 이때부터 교회의 책임적인 구성원이 되어 의무와 권리를 갖게 된다.

2-2-2-2. 세례는 전체 교회의 행위이므로, 공중예배에서 회중의 참여 가운데 베풀어져야 한다. 이때 세례의 의미와 함께 말씀의 선포가 있어야 한다. 임종을 맞는 이의 경우, 목사의 인도로 신앙 고백 후에 먼저 세례를 베풀고 후에 당회에 보고할 수 있다. 이때 세례자의 명단은 당회록에 기록해 두어야 하고, 세례 교인 명부에도 기록해야 한다. 세례는 일생에 단 한 번만 받아야 하기 때문에 교단이 인정하는 타 교단의 교회에서 세례를 받은 자들에게는 다시 베풀지 아니한다.

2-2-2-3. 세례의 물은 십자가의 보혈과 천지창조, 노아 홍수, 출애굽 때의 물을 상징함으로써 죄 씻음과 하나님의 언약의 은총을 나타낸다. 세례의식에서 성부, 성자, 성령의 이름으로 세례반의 물을 한 번 또는 세 번 뿌리거나, 또는 흐르는 물에 잠글 수도 있다.

2-2-2-4. 구약시대에 할례를 베풀어 유아도 은총의 언약 아래 있게 했던 것처럼 예수께서 세우신 새 언약에 들어가는 표인 세례를 유아에게 주는 것은 합당한 일이다. 유아세례는 그들이 신앙으로 응답할 수 있기 이전에도 하나님의 사랑을 받고 있는 자녀임을 증거하는 표이다. 이 세례는 부모 가운데 한 사람 이상이 세례 교인일 때 베풀 수 있다.

2-2-2-5. 입교는 유아세례를 받은 사람이 장성해서 스스로 예수 그리스도를 구주로 고백하고 하나님의 은총에 대한 개인적인 응답을 하도록 하는 예식이다. 이 입교 예식을 통하여 교회는 그에게 교인으로서 의무와 권리를 부여한다. 목사는 세례의 문답을 통하여 당회 앞에서 신앙을 고백하도록 하며 회중 앞에서 이 사실을 확인하고 세례 교인 됨을 공포해야 한다.

2-2-2-6. 성인세례는 유아세례를 받지 않은 사람이 성인이 된 후에 예수 그리스도를 구주로 영접하고 신앙을 고백하여 교인이 되고자 할 때 세례를 받도록 하는 것이다. 이 세례를 받기 전에 당회는 그에게 기독교 신앙의 본질과 거기에 수반되는 의무와 권리에 대한 교육을 받도록 하고 신앙고백을 포함한 적절한 문답을 한 후, 당회의 결의를 거쳐서 공중예배에서 세례를 받도록 하고, 교인 명부에 기록한다.

2-2-2-7. 회중들은 전 세계 교회를 대신하여 세례자들이 그리스도인의 생활을 영위하도록 기도와 사랑으로 도와야 할 책임이 있다. 유아세례의 경우도 부모는 수세자가 성장하여 자신의 신앙을 고백할 때까지 신앙공동체 안에서 양육과 지도의 책임을 진다.

참고문헌

「웨스트민스터 신앙고백서」
「웨스트민스터 대요리문답」
「웨스트민스터 소요리문답」
「웨스트민스터 예배모범」
「벨기에 신앙고백서」
「하이델베르크 요리문답」

『기독교 강요』

대한예수교장로회 (고신) 총회 『헌법』 (1992년판)
대한예수교장로회 (고신) 총회 『교회헌법』 (2023년판)
대한예수교장로회 (고신) 총회 『예전예식서』 (2015년판)
대한예수교장로회 (고신) 총회 『헌법해설』 개정판 (2018년판)
대한예수교장로회 (합신) 총회 『헌법』 (2021년판)
대한예수교장로회 (합동) 총회 『헌법』 (2018년판)
대한예수교장로회 (통합) 총회 『헌법』 (2023년판)

대한예수교장로회(고신) 총회교육원 편. 『세례자를 위한 세례교육 및 문답서』. 서울: 대한예수교장로회 총회출판국, 2006.
대한예수교장로회(고신) 총회교육원 편. 『학습자를 위한 학습교육 및 문답서』. 서울: 대한예수교장로회 총회출판국, 2006.
대한예수교장로회 (합동) 총회. 『학습 세례문답서』. 서울: 대한예수교장로회총회, 2019.
대한예수교장로회 (통합) 총회교육자원부. 『세례문답집』. 서울: 한국장로교출판사, 2017.
김서택. 『학습 세례 문답 해설서』. 서울: 대한예수교장로회총회, 2017.
백충현 저. 대한예수교장로회 (통합) 총회국내선교부 편. 『세례자 교재』. 서울: 한국장로교출판사, 2016.

강영안. 『믿는다는 것』. 서울: 복 있는 사람, 2018.
고재수. 『교의학의 이론과 실제』. 천안: 고려신학대학원출판부, 20012.
김상구. 『세례로의 초대』. 서울: 도서출판 대서, 2014.
김헌수. 『영원한 언약: 유아세례 예식문 해설』. 서울: 성약, 2014.
손재익. 『나는 하나님 앞에서 의로울 수 있을까』. 서울: 좋은씨앗, 2019.
─── 『나에게 거듭났냐고 묻는다면?』. 서울: 좋은씨앗, 2021.
─── 『벨기에 신앙고백서 강해』. 서울: 디다스코, 2019.
─── 『사도신경, 12문장에 담긴 기독교 신앙』. 서울: 디다스코, 2017.
─── 『성화, 이미와 아직의 은혜』. 서울: 좋은씨앗, 2019.
─── 『설교, 어떻게 들을 것인가?』. 서울: 좋은씨앗, 2018.
─── 『십계명, 언약의 10가지 말씀』. 서울: 디다스코, 2016.
─── 『특강 예배모범』. 서울: 흑곰북스, 2018.
─── "장로의 역할 중 언약의 자녀를 양육하는 일이란," 『교회의 직분자가 알아야 할 7가지』. 공저; 서울: 세움북스, 2017.
─── "1인 1가구 시대, 그리스도인의 결혼과 가정," 『담임목사가 되기 전에 알아야 할 7가지』. 공저; 서울: 세움북스, 2016.
송영찬. 『세례와 성찬』. 도서출판 깔뱅, 2006.
유해무. 『개혁교의학』. 서울: 크리스챤다이제스트, 1997.
─── 『헌법해설: 웨스트민스터 신앙고백서, 대소교리문답서』. 서울: 고신 총회, 2015.
이성웅. 『헌법 예배 예식론』. 서울: 한국장로교출판사, 2011.
이승구. 『하이델베르크 요리문답 강해 Ⅱ: 성령의 위로와 교회』. 서울: 이레서원, 20093.
조영엽. 『가톨릭 교회 교리서 비평』. 서울: CLC, 2010.
곤잘레스, 유스토. 『초대교회사』. 서영일 역. 서울: 은성, 1987.
그루뎀, 웨인. 『조직신학 (중), (하)』. 노진준 역. 서울: 은성, 1997.
레이몬드, 로버트 L. 『최신 조직신학』. 나용화 외 공역. 서울: CLC, 2004.
맥그래스, 앨리스터. 『신학의 역사』. 소기천 외 역. 서울: 知와 사랑, 2001.

맥킴, 도날드 K. 『교회의 역사를 바꾼 9가지 신학 논쟁』. 장종현 역. 서울: UCN, 2005.
머레이, 존. 『조직신학 Ⅱ』. 박문재 역. 서울: 크리스챤다이제스트, 1991.
바빙크, 헤르만. 『개혁교의학』. 4권 58-59장.
벌코프, 루이스. 『조직신학 (하)』. 권수경, 이상원 역. 고양: 크리스챤다이제스트, 2000.
뷰캐넌, 제임스. 『성령의 사역, 회심과 부흥』. 신호섭 역. 서울: 지평서원, 2006.
데던스, 카렐. 『세례반에서 성찬상으로』. 양태진 역. 서울: 성약, 2014.
우르시누스, 자카리아스. 『하이델베르크 요리문답해설』. 원광연 역. 고양: 크리스챤다이제스트, 2006.
윌리몬, 윌리엄. 『기억하라, 네가 누구인지를: 세례 받는 모든 이에게』. 정다운 역. 서울: 비아, 2020.
채드윅, 헨리. 『초대교회사』. 서영일 역. 서울: 기독교문서선교회, 1997.
이형우 역주. 『사도전승』. 칠곡: 분도출판사, 1992.
클라우니, 에드먼드. 『교회』. 황영철 역. 서울: IVP, 1998.
패커, 제임스. 『세례와 회심』. 김진웅 역. 서울: 아바서원, 2012.
피스, 리처드 V. 『신약이 말하는 회심: 바울과 열두 제자들의 회심』. 김태곤 역. 서울: 좋은씨앗, 2001.
화이트, 제임스. 『성례전: 하나님의 자기 주심의 선물』. 김운용 역. 서울: WPA, 2006.
하트, D. G. 외. 『개혁주의 예배신학: 개혁주의 예배의 토대로 돌아가기』. 김상구 외 2인 역. 서울: P&R, 2009.
후크마, 앤서니. 『개혁주의 구원론』. 이용중 역. 서울: 부흥과개혁사, 2012.
한국 천주교 주교회의 교리교육위원회 역. 『가톨릭 교회 교리서』. 서울: 한국 천주교 중앙협의회, 2008.
한국 천주교 주교회의. 『유아세례예식』. 서울: 한국천주교 주교회의 전례위원회, 2012.
정양모 역주. 『열두 사도들의 가르침: 디다케』. 칠곡: 분도출판사, 1993.

Buchanan, Bishop C. O. "Sacraments," in *New Dictionary of Theology*. Downers Grove: IVP, 1988.

Fesko, J. V. *Word, Water, and Spirit: A Reformed Perspective on Baptism*. Grand Rapids: Reformation Heritage Books, 2010.

Vos, Johannes G. *The Westminster Lager Catechism: A Commentary*. edited by G. I. Williamson. Phillipsburg: P&R, 2002. 크리스챤 역간. 『웨스트민스터 대요리문답 강해』.

Williamson, G. I. *The Westminster Confession of Faith*. Phillipsburg: P&R, 2004. 개혁주의 신행협회 역간. 『웨스트민스터 신앙고백서 강해』.

저자소개

손재익 목사

한길교회(서울남부노회) 담임목사다. 5세 때 혼자서 교회를 다녔다. 10세 때부터 목사 직분을 사모했고, 15세 때 삼위 하나님의 이름으로 세례를 받았다. 28세 때 신학대학원에 입학하여, 35세 때 목사로 임직했다. 36세에 한길교회를 개척하여 지금까지 섬기고 있다.

부산대학교(B.A), 고려신학대학원(M.Div), 고신대학교 일반대학원(Th.M)에서 공부했다.

지금까지 지은 책으로는 성경 전반을 구속사적으로 살핀 『우리가 성경을 오해했다』(세움북스), 구원론의 기본을 다룬 『나에게 거듭났냐고 묻는다면?』, 『나는 하나님 앞에서 의로울 수 있을까?』, 『성화, 이미와 아직의 은혜』를 비롯해, 『설교, 어떻게 들을 것인가?』(이상 좋은씨앗), 『특강예배모범』(흑곰북스), 『분쟁하는 성도 화평케 하는 복음』(지우), 『사도신경, 12문장에 담긴 기독교 신앙(해설서와 교재)』, 『십계명, 언약의 10가지 말씀(해설서와 교재)』, 『벨기에 신앙고백서 강해(해설서와 교재)』(상디다스코) 등이 있으며, 공저로 『결혼매뉴얼』, 『장례매뉴얼』, 『청빙매뉴얼』(이상 교회건설연구소), 『담임목사가 되기 전에 알아야 할 7가지』, 『교회의 직분자가 알아야 할 7가지』, 『성도가 알아야 할 7가지』(이상 세움북스), 『교회건설 매뉴얼』, 『종교개혁, 왜 오직인가?』(생명의 양식)가 있다.

유튜브 채널 [기독교의 모든 것](youtube.com/christ00)을 운영하고 있다.